DIEDERICHS GELBE REIHE

Frank Fiedeler

# Yin und Yang

*Das kosmische Grundmuster in der Kultur Chinas*

Diederichs

Bibliografische Information Der Deutschen Bibliothek
Die Deutsche Bibliothek verzeichnet diese Publikation in der Deutschen Nationalbibliografie; detaillierte bibliografische Daten sind im Internet unter http://dnb.ddb.de abrufbar.

Dieser Titel erschien in einer früheren Ausgabe im DuMont Buchverlag, Köln.



Umschlaggestaltung: Zembsch' Werkstatt, München
Produktion: Maximiliane Seidl
Druck und Bindung: Druckerei Huber, Dießen
Printed in Germany

ISBN 3-7205-2388-8

# Inhalt

# Vorwort

Nach meinen langjährigen Studien über das »Buch der Wandlungen« kam der Wunsch des DuMont Buchverlages nach einem Buch mit dem Thema *Yin und Yang* meinen sinologischen Interessen sehr entgegen. Er gab mir Gelegenheit, die daraus gewonnenen Erkenntnisse über die kosmisch orientierte Geisteshaltung des chinesischen Altertums noch einmal in einem größeren kulturgeschichtlichen Zusammenhang darzustellen, zu präzisieren und in manchen Punkten zu korrigieren. Auch der Wunsch des Verlages nach zahlreichen Illustrationen traf sich glücklich mit dem bildhaften Charakter der chinesischen Gedankenwelt.

Freilich war das Thema weit gefaßt und der Raum begrenzt. Es konnte sich nur darum handeln, aus der Fülle des kulturgeschichtlichen Materials einige wenige bedeutsame Schwerpunkte herauszugreifen. Andererseits ging es mir dabei aber auch nicht in erster Linie um die Vermittlung kulturgeschichtlichen Detailwissens. Ich möchte den Leser vor allem mit den Grundzügen einer archaischen Tradition des Denkens vertraut machen, die sich, in ihrem zeitlosen Kern verstanden, auch heute noch als überraschend erkenntnisträchtig erweist und ungeahnte Einblicke in den evolutiven Zusammenhang zwischen Geist und Natur gewährt.

Für freundliche Mithilfe beim Zustandekommen dieses Buches auf je eigene Art danke ich Connie Achilles (Wichita, USA), Jochen Didier (Berlin), Gert Naundorf (Würzburg) und Renate Stolze (Berlin).

Frank Fiedeler

# Einführung

## Kosmisches Denken in China und Europa

Joseph Needham, dem wir ein vielbändiges Werk über die Kultur Chinas aus wissenschaftsgeschichtlicher Perspektive verdanken, hat die Eigenart der chinesischen Denkweise einmal folgendermaßen charakterisiert:

> *Die Schlüsselworte des chinesischen Denkens sind **Ordnung** und vor allem **Muster** (und, wenn ich es zum erstenmal flüstern darf, **Organismus**). Die symbolischen Zuordnungen oder Entsprechungen bildeten sämtlich Teile eines einzigen kolossalen Musters. Die Dinge verhielten sich nicht notwendig aufgrund vorhergehender Ereignisse oder wegen der Einwirkung anderer Dinge in spezifischer Weise, sondern weil sie durch ihre Stellung in dem sich ewig bewegenden zyklischen Universum mit einer immanenten Wesensart begabt waren, die jenes Verhalten für sie unausweichlich machte.*[1]

In der Tat können wir die chinesische Geistesgeschichte ihrer formalen Struktur nach als die Entwicklung eines ›kolossalen Musters‹ aus symbolischen Korrelationen verstehen. Der chinesische Begriff dafür ist *wen*, was nicht nur ›*Muster, Zeichnung, Anordnung*‹, sondern zugleich ›*Schrift, Text*‹ und ganz allgemein ›*Kultur*‹ bedeutet. Das chinesische Denken hat einen eminent *graphischen* Charakter, der schon auf den ersten Blick mit der Bildhaftigkeit der chinesischen Ideogrammschrift ins Auge fällt. Tatsächlich erklärt sich seine Eigenart wesentlich aus dem kulturgeschichtlichen Zusammenhang mit der Entwicklung des Schriftsystems in archaischer Zeit. Was ihr zugrunde liegt, ist die Auffassung des Kosmos als ein konkretes Strukturmuster von Erscheinungen, als dessen Entsprechung der kulturgeschichtliche Bedeutungszusammenhang der symbolischen Formen entwickelt wurde. Ich werde zunächst die Natur dieses kulturgeschichtlichen Ausgangspunktes etwas näher erläutern und mit einigen

Schlaglichtern ins Verhältnis zur europäischen Geistesgeschichte setzen.

## *Schein und Sein*

Der Weltzusammenhang des ›sich ewig bewegenden zyklischen Universums‹, den das ›kolossale Muster‹ formuliert, ist das berühmte, als Schlagwort heute auch im Westen geläufige *Dao* (in der früheren Transskription *Tao*). Der Begriff hat seine Gültigkeit nicht nur im Rahmen der esoterischen Tradition, die man speziell als *Taoismus* bezeichnet, sondern ebenso für die konfuzianische Staatsreligion, ja sogar für die sinisierten Formen des ursprünglich aus Indien übernommenen Buddhismus. Dao ist der zentrale Begriff jener spezifisch chinesischen Grundhaltung des Denkens, die der holländische Sinologe De Groot einst als »Universismus« definiert und als »die Grundlage der Religion und Ethik, des Staatswesens und der Wissenschaften Chinas« bezeichnet hat.[2] Im wörtlichen Sinn ist daher die ganze traditionelle chinesische Kultur ›taoistisch‹.

Das Wort *dao* hat die konkrete Grundbedeutung ›der Weg‹ und bezeichnet im philosophischen Kontext den Lauf der Welt. Seine klassische Definition findet sich im »Großen Kommentar« (*Dazhuan*) zum »Buch der Wandlungen« und lautet: »Ein(mal) Yin, ein(mal) Yang, – das nennt man das Dao.«[3]

Die Grundordnung des Weltlaufes ist somit durch zwei Elemente gekennzeichnet, die *Yin* und *Yang* heißen. Als universale philosophische Kategorien oder Wesenheiten kommen diese Begriffe etwa seit dem 4. Jh. v. Chr. vor[4], aber das mit ihnen bezeichnete Gegensatzpaar läßt sich in anderen Formen, insbesondere in Gestalt der zwei Orakellinien des *Yijing* (»Buch der Wandlungen«), sehr viel früher nachweisen. Ihr ursprünglicher Sinn erschließt sich aus den Schriftzeichen: Die Begriffe Yin und Yang werden beide mit dem graphischen Bestandteil ›Erdhügel‹ geschrieben und haben die konkreten Grundbedeutungen ›Schattenseite‹ und ›Lichtseite‹.

So sind entsprechend der Belichtung durch die im Süden kulminierende Sonne die Nordseite eines Berges und die

Südseite eines Tales *Yin*, während die Südseite eines Berges und die Nordseite eines Tales *Yang* sind. Zugleich ist das Tal selbst insgesamt als konkave, d. h. relativ dunkel erscheinende Oberflächenform *Yin*, die konvexe und dadurch insgesamt heller erscheinende Form des Berges hingegen *Yang*.

Man sieht schon an diesem elementaren Beispiel, wie sich aus der einfachen Zweiheit von Lichtseite und Schattenseite auf natürliche Weise ein komplizierteres, vierheitliches Muster bildet, das sich auch noch weiter differenzieren läßt. Wir werden darauf im zweiten Kapitel bei der Darstellung des Yijing-Systems zurückkommen. Hier wollen wir uns zunächst vor Augen führen, was der Ansatz dieses Gegensatzpaares als *die* Grundkategorie des Denkens prinzipiell und im Unterschied zu der uns heute gewohnten Sicht der Dinge für das Verständnis der Welt und des Lebens in ihr bedeutet.

Alle Dinge der Welt haben naturgemäß immer eine Lichtseite und eine Schattenseite. Darin ist die Universalität der Yin-Yang-Polarität begründet. Was aber heißt es, wenn wir sagen, daß ein Ding diese zwei Seiten ›hat‹? Es ist eine Sprechweise, die sich eigentlich nicht auf das Ding als körperlichen Gegenstand bezieht, sondern nur auf seine *Erscheinung*. Das Ding selbst ›hat‹ diese zwei Seiten nicht. Sobald ich einen Gegenstand optisch verschwinden lasse, ihn etwa in die Tasche stecke, so kommen ihm seine Lichtseite und seine Schattenseite abhanden, ohne daß dies seiner körperlichen Dinglichkeit irgendeinen Abbruch täte.

Wir sind es gewöhnt, die Welt *objektiv*, d. h. als eine Welt von Objekten, von Gegenständen zu denken, die sich in einem raum-zeitlichen Kontinuum befinden und verhalten. Der Ansatz der Yin-Yang-Polarität aber geht nicht von dieser Dingwelt aus, sondern von der Welt der Erscheinungen. Das ›kolossale Muster‹, auf dessen Formulierung und Durchdringung sich der chinesische Geist verlegt hat, ist fundamental ein *Erscheinungsmuster* – nämlich das Erscheinungsmuster, in dem sich die *natürliche Umwelt* des Menschen auf der Erde darstellt. Das chinesische Denken liefert so den systematischen Ansatz für ein echtes und philosophisch fundiertes, d. h. in der Struktur der Umwelt selbst begründetes *Umweltbewußtsein*.

Dem entspricht die seltsam akausale Logik des chinesischen Denkens, auf die NEEDHAM in dem oben angeführten Zitat hinweist: Es beruht nicht auf der Logik der Objektwelt, sondern auf der Eigengesetzlichkeit des subjektiven Welt-Bildes. Dieses manifestiert sich unmittelbar als das komplexe Ordnungsmuster der natürlichen Erscheinungen wie Licht und Dunkel, Wärme und Kälte, Trockenheit und Feuchtigkeit etc., d. h. als das Muster der konkreten Informationen, die auf das Subjekt einwirken. Es bildet die Gesamtstruktur der konkreten Lebensbedingungen, denen das Subjekt als solches wesenhaft *unterworfen* (*subiectum*) ist. Das Subjekt als organisches Körperding wird von dem so verstandenen Informationsmuster der Erscheinungswelt immer schon geprägt, geformt, in-formiert.

Diesem evolutionslogischen Prinzip der *Anpassung an die Umwelt* entspricht das chinesische Denken ganz unmittelbar, indem es die Erscheinungen den körperlichen Dingen vorordnet. Nicht die Dinge verursachen hier die Erscheinungen, sondern die Erscheinungen die Dinge. Der Schein erzeugt das Sein. Dies bedeutet zugleich, daß ›die Dinge‹ nicht eigentlich als Objekte, sondern unter dem subjektiven Aspekt ihrer Zugehörigkeit zur Lebenswelt, also ›animistisch‹ verstanden wurden.

Der folgende Abschnitt aus der Textsammlung *Huainanzi* (2. Jh. v. Chr.) bringt diesen Vorrang der Erscheinungen vor den Gegenständen in Form eines einfachen Ursprungsmythos zum Ausdruck, der uns Yin und Yang als ein Götterpaar vorstellt, aus dessen ursprünglicher Vereinigung die Welt entsteht:

> *In der Urzeit, als Himmel und Erde noch nicht existierten, gab es nur Erscheinungen, keine körperlichen Gestalten. Es war ein unermeßlicher Abgrund, tief und dunkel, weit und unfaßbar, unbeweglich und still, düster und verschwommen. Niemand weiß, wo er sich auftat. Daraus entstanden zusammen, in Vereinigung miteinander, zwei Gottheiten, um den Himmel zu planen und die Erde zu gestalten. Eine Öffnung! Niemand weiß, in welche Tiefe sie reichte. Eine Flut! Niemand weiß, wo sie*

*zum Stehen kam. Darauf trennten sie sich und bildeten von nun an Schatten und Licht (Yin und Yang). Indem sie sich in die Acht Extreme gliederten, erzeugten sich gegenseitig das Harte und das Weiche, und die Zehntausend (= alle) Wesen (Dinge) erhielten ihre körperlichen Gestalten.*[5]

Die ›Gottheiten‹ (*shen*) manifestieren sich aus der Einheit des Ursprungs heraus zuerst in den zwei Grunderscheinungen Licht und Dunkel, um sich dann in den beiden Grundformen Hart und Weich (Berg und Tal, Männlich und Weiblich) als Dinge zu verkörpern. Dies ist die Umkehrung des objektiven Kausalzusammenhanges, mit dem bekanntlich die Erscheinungsform eines Dinges als Funktion seiner körperlichen Konstitution bestimmt wird. Was in der Form dieser Umkehrung aber konsequent beschrieben wird, ist der subjektive Weg der Erkenntnis, der ja primär immer von bloßen Erscheinungen, von optischen Eindrücken oder anderen Sinnesreizen ausgehen muß, um daraus sekundär auf die ›hinter‹ den Erscheinungen verborgene Realität der Dinge schließen zu können.

Auch die abendländische Philosophiegeschichte kennt die Lehre von der schöpferischen Macht des Scheins. Der *locus classicus* für ihre Darstellung ist hier das berühmte Lehrgedicht des griechischen Philosophen Parmenides von Elea (ca. 540-480 v. Chr.), und zwar dessen zweiter Teil, die sogenannte *Doxa*. Die wenigen daraus überlieferten Bruchstücke bezeugen eine Denkweise, deren enge Parallele zur chinesischen Yin-Yang-Lehre sofort ins Auge fällt:

*Aber nachdem alle Dinge Licht und Nacht benannt und das was ihren Kräften gemäß ist diesen und jenen als Name zugeteilt worden, so ist alles voll zugleich von Licht und unsichtbarer Nacht, die beide gleich(gewichtig); denn nichts ist möglich, was unter keinem von beiden steht... So also entstand dies nach dem Schein und ist noch jetzt und wird von nun an in Zukunft wachsen und dann sein Ende nehmen. Und für diese Dinge haben die Menschen einen Namen festgesetzt, einen bezeichnenden für jedes... Denn je nachdem wie ein jeder besitzt die vielfach irrenden Glieder, so tritt der Geist den Menschen zur Seite. Denn dasselbe ist es, was denkt, die innere Beschaffenheit der Glieder bei den Menschen allen und jeden: nämlich das Mehr (vom Licht- oder Nachtelement) ist der Gedanke... Und inmitten von diesen ist die Daimon, die alles lenkt. Denn überall regt sie grausige Geburt und Paarung an, indem sie dem Männlichen das Weibliche zur Paarung sendet und umgekehrt wieder das Weibliche dem Männlichen... Als ersten der Götter aber ersann sie den Eros...*[6]

Wir sehen hier auch den besonderen Bezug dieses Denkens zur *Festsetzung der Namen*, d. h. zur Sprach- und Schriftschöpfung, der ebenso für die ursprünglichen Formen der chinesischen Yin-Yang-Theorie charakteristisch ist. Offenbar handelt es sich um eine Denkweise, die in archaischer Zeit keineswegs auf den chinesischen Kulturkreis beschränkt war. Wie wir noch sehen werden, entspricht sie der Geisteshaltung jener uralten, einst in ganz Eurasien verbreiteten Kulturtradition, deren Eigenarten man unter dem Titel *Schamanismus* zusammenfassen kann.[7]

Anders als in China hatte diese Tradition im Westen auf die spätere geistesgeschichtliche Entwicklung keinen wesentlichen Einfluß mehr – wenn man nicht gerade ihre radikale Unterdrückung als eine negative Form des Einflusses gelten lassen will. In China wurde sie als das Erbe der ›Heiligen Menschen‹ (*shengren*) des Altertums zur immer wieder neu und kontrovers interpretierten Grundlage einer jahrtausendelangen geistesgeschichtlichen Entwicklung, die sich in den zwei ebenso gegensätzlichen wie komplementären Hauptströmungen Taoismus (die Yin-Strömung) und Konfuzianismus (die Yang-Strömung) artikulierte. In Europa hingegen wurde sie durch die christliche Religion als der geistige Nährboden des urwüchsigen Heidentums verteufelt und ist damit geradezu das Verdrängte, die Tabuzone des abendländischen Denkens schlechthin geworden.

Man kann die Struktur dieses geistesgeschichtlichen Verdrängungsprozesses in Europa sehr gut damit demonstrieren, wie das oben zitierte Werk des PARMENIDES überliefert und interpretiert wurde. PARMENIDES hatte es als ein Lehrgedicht in zwei Teilen geschrieben. Der erste Teil, die *Ontologie*, stellt die Welt des Seins dar, der zweite, *Doxa* genannt, die Welt des Scheins. In der Welt des Seins herrscht die Sonnengöttin Dike, in der Welt des Scheins die Mondgöttin Daimon. So sind die beiden Teile des Gedichtes selbst als Ausdrücke des Tages und der Nacht gekennzeichnet, d. h. der beiden grundlegenden Erscheinungsformen des irdischen Kosmos, seiner Lichtseite und seiner Schattenseite. PARMENIDES sagt damit, daß diese beiden Grunderscheinungen die zwei Grundhorizonte des Subjekts konstituieren, den Horizont der Objektivität (Welt des Seienden) und den Horizont der Subjektivität (Welt der Erscheinungen), den Oberbau und den Unterbau des Bewußtseins, Wachheit und Traum, Logos und Mythos.

Zugleich aber beschreibt PARMENIDES in unübertrefflicher Weise, wie sich das Verhältnis dieser zwei Horizonte innerhalb ihrer selbst wiederum auf vollkommen gegensätzliche Weise darstellt: Nur im zweiten Teil erscheinen sie als Licht und Nacht, ›die beide gleichgewichtig‹. Im ersten Teil aber erscheinen sie in abstrahierter Form (nach dem Assoziationsmuster Sonne = Sein und Nacht = Nichts) als *das Seiende* und *das Nichtseiende*, die keineswegs gleichgewichtig sind, weil allein das Seiende existiert:

> *Dies muß man denken und sagen: Nur das Seiende gibt es. Denn es ist möglich, daß es wirklich vorhanden ist; das Nichtseiende aber ist unmöglich; das heiße ich dich bedenken.*[8]

So spricht die Sonnengöttin im ersten Teil des Gedichtes und leugnet damit die Dualität der Erscheinungen. Zugleich aber entspricht sie damit selbst unmittelbar wieder der Erscheinung der Sonne, die ja nicht wie der Mond, der als ›Daimon‹ im zweiten Teil des Gedichtes ›alles lenkt‹, eine Lichtseite und eine Schattenseite aufweist, sondern rundherum hell ist (›der wohlgerundeten Wahrheit unerschütterliches Herz‹, wie es im ersten Teil heißt). Die beiden Teile des Gedichtes stellen damit auch den dialektischen Gegensatz von Einheit und Zweiheit, Individualität und Sexualität in der Konstitution des Subjekts dar.

Diese kunstvolle Darstellung des menschlichen Wesens als Spannungsverhältnis zwischen seinen beiden gegensätzlichen Grundhorizonten, vielleicht die tiefsinnigste Beschreibung des ›dialektischen Widerspruches‹, die es je gegeben hat, ist jedoch keineswegs als solche gewürdigt worden. Vielmehr hat man sich lediglich die logozentrische Perspektive des ersten Teils zueigen gemacht, PARMENIDES als den ›Vater der Logik‹ gefeiert, und den zweiten Teil als ein nebensächliches Beiwerk abgetan, wo (natürlich aus der Sicht des ersten Teils) nur »die Wahnvorstellungen der Sterblichen« geschildert werden.

Was für ein Verdrängungsprozeß hier im Lauf der Jahrhunderte stattgefunden hat, kommt unmittelbar in der Quellenlage zum Ausdruck: Vom ersten Teil sind etwa sechs Druckseiten Text überliefert, während die überkommenen Fragmente des zweiten Teils kaum eine halbe Seite füllen. In manchen modernen Interpretationen und Übersetzungen wird der zweite Teil sogar völlig weggelassen.[9]

Der im Gewand der Rationalität daherkommende, eigentlich aber durchaus irrationale Widerstand gegen den theoretischen Ansatz des Erscheinungskosmos als das fundamentale Strukturmuster der Umweltbedingungen ist bis heute tief in den Köpfen verwurzelt. Denn die Welt der unmittelbaren Erscheinungen ist naturgemäß *geozentrisch*. Das neuzeitliche Bewußtsein aber verdankt seine geistesgeschichtliche Entstehung gerade der Entlarvung des geozentrischen Weltbildes als Scheinwelt: Es *scheint* nur so, als würde sich die Sonne um die Erde bewegen; in Wahrheit wandert die Erde um die Sonne. Das kosmische Paradigma des neuzeitlichen Bewußtseins ist das heliozentrische Weltbild des KOPERNIKUS.

Mit der Einführung des kopernikanischen Weltbildes wurde das bestimmende Strukturmoment der geozentrischen Umwelt, das Erscheinungsmuster des Himmels, zu einer belanglosen Projektion erklärt. Die existentielle Bedeutung, die den Himmelserscheinungen seit Urzeiten beigemessen worden war, konnte damit scheinbar ›wissenschaftlich‹ widerlegt und programmatisch verdrängt werden. Alle darauf beruhenden Traditionen wurden unter dem Stichwort ›Astrologie‹ als Aberglaube geächtet. Die schon seit der Antike im Zeichen einer ontologischen und theologischen Metaphysik betriebene Demontage dieser Traditionen verschärfte sich nun, in der sogenannten Aufklärung, zu einem dogmatischen Tabu.

Die Erkenntnis des heliozentrischen Weltbildes wurde im Westen zum Ausgangspunkt einer vorher nie dagewesenen Erforschung und Beherrschung der Objektwelt durch die physikalisch orientierte Naturwissenschaft und Technologie. Der Preis für diese Errungenschaften aber war die Verdrängung der subjektiven Seite des menschlichen Wesens in ihrer naturgemäßen Angewiesenheit auf die geozentrische Umwelt und das in ihr begründete Ökosystem Erde. Die katastrophalen Konsequenzen daraus sind inzwischen bekannt. Sie legen uns heute mehr denn je eine Rückbesinnung auf die existentielle Dimension der Umwelt nahe.

Wie kein zweites kulturgeschichtliches Paradigma bietet sich das traditionelle chinesische Denken für eine solche Rückbesinnung als Wegweiser an. Die Chinesen haben das geozentrische Weltbild bis zu ihrer Begegnung mit Europa niemals in Frage gestellt. Die Entwicklung ihrer Kultur blieb der subjektiven Realität dieses Weltbildes nicht nur unvermeidlich verhaftet, sondern wurde seit den Anfängen bewußt darauf aufgebaut. Das chinesische Denken hat damit zu einer Philosophie der Subjektivität, der von innen heraus in ihrer Eigengesetzlichkeit verstandenen Lebenswelt, geführt, die sich durch ihren in der ursprünglichsten Weise *ökologisch* gedachten Ansatz ausgezeichnet gerade als erkenntnistheoretisches Kontrastmittel und Korrektiv für die Einäugigkeit der neuzeitlichen Bewußtseinsverfassung eignet.

## *Himmel und Erde*

Im Zuge der neueren naturwissenschaftlichen Bemühungen um ein ökologisch sinnvolles Weltverständnis hat J. E. LOVELOCK die sogenannte *Gaia-Hypothese* entwickelt, mit der die Erde im ganzen als ein lebender Organismus aufgefaßt

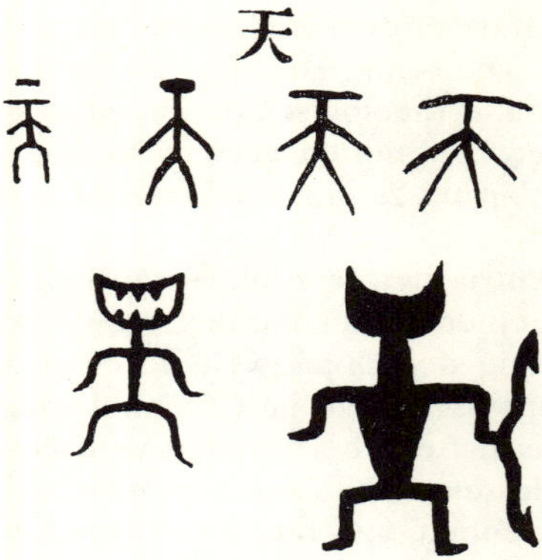

1 Frühe Formen des Schriftzeichens ›Himmel‹ (*tian*). In den zwei unteren ist der Kopf des menschengestaltigen Himmelsgottes als Mondsichel dargestellt, deren Erscheinungsform das himmlische Vorbild sowohl für den Rachen (links) als auch für den Schießbogen in seiner Hand (rechts) liefert.

wird.[10] Dies bedeutet die Wiederentdeckung eines *animistischen* Weltbildes, wie es auch für das traditionelle chinesische Denken charakteristisch war. Freilich fehlt der modernen Gaia dabei noch die Dimension, mit der sie nicht nur als ein belebt vorgestelltes Objekt, sondern erst wirklich als lebendes Subjekt verstanden ist, nämlich die Dimension des geozentrischen Himmels. Denn der Himmel ist ja nichts anderes als die konkrete Umwelt der Erde, d. h. der eigentlich subjektive Horizont der Gaia, der Bildschirm ihres kosmischen Bewußtseins. So wäre die Gaia-Hypothese ›chinesisch‹ gedacht. Man könnte den Gedanken auch ganz modern im Sinn einer fundamentalen Öko-Logik der Evolution interpretieren. Wir werden darauf in Kapitel II bei der Betrachtung des Yijing-Systems und seiner verblüffenden Kongruenz mit dem genetischen Kode zurückkommen.

Vor allem in der Frühzeit war das Verhältnis der Chinesen zum Himmel außerordentlich konkret. So gab es im zweiten Jahrtausend v. Chr. drei astronomisch verifizierbare Konjunktionen sämtlicher fünf mit bloßem Auge sichtbaren Planeten. Wie der amerikanische Sinologe David W. Pankenier gezeigt hat, sind diese überaus seltenen Himmelserscheinungen auch in chinesischen Quellen überliefert. Sie fanden in den Jahren 1953, 1576 und 1059 v. Chr. statt und wurden als ein Signal des Himmels gedeutet, die Regierungsgewalt, deren Legitimierung man als ›Auftrag des Himmels‹ (*tianming*) verstand, auf eine neue Dynastie zu übertragen. Und in der Tat scheinen diese Jahreszahlen mit den – annäherungsweise rekonstruierten – Gründungsdaten der drei frühesten Dynastien Xia, Shang und Zhou übereinzustimmen.

PANKENIER, der den astronomischen Ursprüngen des Himmelsmandates nachgegangen ist, kommt zu dem Schluß:

> *Wir haben daher allen Grund zu glauben, daß es im frühen zweiten Jahrtausend v. Chr. eine fest etablierte Geisteshaltung gab, deren Kennzeichen darin bestand, daß sie in der Abhängigkeit von der regelmäßigen Untersuchung der Erscheinungsformen des Himmels befangen war, um Instruktionen zu erhalten. Nicht nur der Kalender, sondern auch die richtige Ausrichtung jedes geweihten Raumes ebenso wie die zeitliche Durchführung religiöser Opfer hing davon ab, daß ein König diese kosmomagische Funktion des Kalenderpriesters ausübte. Unter*

2 Cangjie, der mythische Erfinder der Schreibkunst. Er hatte zwei Augenpaare, um damit Himmel und Erde gleichzeitig sehen zu können. Seine Gestalt symbolisiert damit die visionäre Zusammenschau des ›Oben und Unten‹, die das Spezialgebiet der Schamanen war.

*den verschiedenen Funktionen des Königs war dies vielleicht die wichtigste, da von ihrer sachgerechten Ausübung alle anderen abhingen.*[11]

Wir können diese ›fest etablierte Geisteshaltung‹ in der chinesischen Frühzeit als eine *schamanistische Himmelsreligion* definieren. Dabei wird freilich jedes Glied der Definition noch zu erklären sein. Denn kaum ein Phänomen der Kulturgeschichte erscheint für heutige Begriffe fremdartiger und unverständlicher. Es ist jedoch eben diese archaische Geisteshaltung, die bei der Entstehung der chinesischen Kultur Pate gestanden hat.

Insbesondere erklärt sich aus ihr eine Eigenart, die zurecht als der charakteristische Zug der chinesischen Philosophie bezeichnet worden ist: nämlich die wechselweise analogische Projektion oder Korrelation zwischen Himmel und Menschenwelt, Makrokosmos und Mikrokosmos. BENJAMIN I. SCHWARTZ hat diesen Grundzug als »*korrelative Kosmologie*«, oder, wie er als noch genaueren Terminus vorschlägt, als »*korrelative Anthropokosmologie*« definiert.[12] Er entspricht praktisch dem älteren, von J. J. M. DE GROOT geprägten Begriff des *chinesischen Universismus*.

Gemeint ist damit eine Denkweise, mit der alle Bereiche des menschlichen Daseins – von den landschaftlichen Gegebenheiten bis zum Körperbau des Menschen, von der geschichtlichen Entwicklung bis zur Staatsordnung – in Analogie zu der durch die Erscheinungsordnung des Himmels repräsentierten Ordnung des makrokosmischen Weltganzen gedeutet wurden.

Wir werden diese phantastisch anmutende Logik der Weltdeutung an zahlreichen Beispielen kennenlernen. Ihr natürliches Prinzip läßt sich nachvollziehen, wenn wir von der Eigengesetzlichkeit des Erscheinungskosmos ausgehen, wie sie sich für die Menschen der archaischen Zeit in der unmittelbaren Erfahrung darstellte.

Die eindrucksvollste und mächtigste aller Erscheinungen war naturgemäß der Himmel mit seinen ›göttlichen Lichtern‹ (*shenming*) Sonne, Mond und Sternen. Diese erzeugten mit ihren Bewegungen das ewige Wechselspiel von Tag und

3 Taoistisches Geisterschriftbild, das den ›Gelben Geist‹, einen der Fünf Wandernden, beschwören soll. Man erkennt schematisierte Sternbilder (die mit Linien verbundenen Punkte), verwoben mit erfundenen oder frei abgewandelten Schriftzeichen und geisterhaften Schlangenlinien.

Nacht, Vollmond und Neumond, Sommer und Winter. Dabei war es offensichtlich, daß die Wesen und Dinge auf der Erde in ihren Erscheinungsformen den Himmelserscheinungen ›gehorchen‹. Sie veränderten ja ihr Aussehen und ihr Verhalten in nicht zu übersehender Abhängigkeit von den wechselnden Himmelsbildern der Tages- und Jahreszeiten, und auch die Wechselfälle des Wetters wie Regen und Sonnenschein ›kamen‹ ganz offensichtlich vom Himmel. Das makrokosmische Erscheinungsmuster des Himmels bestimmte das mikrokosmische Verhaltensmuster der Gestalten auf der Erde. So mußte es für eine systematische Formulierung der Weltordnung in symbolischen Formen von Natur aus das maßgebliche Vorbild sein.

Aus dieser Sicht der Sache *manifestierte* sich der Himmel in den Gestalten auf der Erde. Wir müssen uns das in seinen ursprünglichsten Formen ganz plastisch vorstellen, etwa so, wie die französische Sinologin Isabelle Robinet den Gedanken beschreibt:

> *Die Gestaltungen der Erde sind die Berge und Flüsse. Die Berge sind auf der Erde das, was die Sterne am Himmel sind; die Gestaltungen der Erde sind die feste, verdickte Form der ätherischen Sinnbilder, die die Sterne sind. Die im Himmel aufgehängten Sinnbilder werden zu Bergen, sobald sie sich auf der Erde niederschlagen. Auf die Astrologie antwortet die Geomantik.*[13]

Einerseits handelte es sich also um eine Projektion des Himmels auf die Erde. Dabei gab es aber zugleich die umgekehrte Projektionsrichtung. Denn die ätherischen Sinnbilder des Himmels waren im Gegensatz zu den irdischen Gestalten die Ebene der reinen, d. h. nicht körperlich greifbaren Erscheinungen. Was sich hinter den himmlischen Erscheinungen ›wirklich‹, d. h. im dinglichen Sinn verbarg, ließ sich nur wiederum aus ihren irdischen Manifestationen ›rückschließen‹. So deuteten sie den Himmel analog zur Erde als eine überirdische Landschaft, in der wie hienieden ein himmlischer König mit seinem Hofstaat und seinem Volk wohnte, d. h. als die Welt der Götter. Dabei war es offenbar gerade für die früheste Zeit, insbesondere die Kultur der Shang-Dynastie (ca. 1523-1045 v. Chr.) charakteristisch, daß die Himmelsgottheiten mehr oder minder mit den Geistern der Ahnen gleichgesetzt wurden.[14]

4 Taoistisches Geisterbild, das den Himmelsboten darstellt. Seine Beine laufen auf der Erde, aber sein Körper besteht aus Schlangenlinien, die nach der Erklärung rechts die 28 chinesischen Sternbilder (*xiu*) darstellen sollen. Die Schlangenlinien sind vermutlich den Schleifenbildungen der Planetenbahnen nachempfunden.

So haben wir es also mit einer wechselweisen Projektion zwischen Himmel und Erde, Makrokosmos und Mikrokosmos zu tun, bei der sich die zwei Dimensionen in einem analogischen Bezugssystem gleichsam gegenseitig durchdringen. Die Erkenntnisgewinnung bestand in einem hermeneutischen Vergleichen und Vermitteln zwischen den ›Mustern des Himmels‹ (*tianwen*) und den ›Gesetzmäßigkeiten der Erde‹ (*dili*): »Wendet man sich hinauf,« heißt es im ›Großen Kommentar‹ zum *Yijing*, »so schaut man es in den Mustern des Himmels. Wendet man sich herab, so schaut man es in den Gesetzmäßigkeiten der Erde.«[15] Diese wechselweise Projektion war die Erkenntnistechnik des göttlichen Fuxi, einer mythologischen Gestalt, die das Urbild des Schamanen darstellt.

Was wir uns mit diesen Überlegungen psychologisch als eine assoziative Verknüpfung zwischen Himmel und Menschenwelt erklären können, wurde jedoch als ein konkreter Austausch, eine Art Verkehr zwischen Himmel und Erde verstanden. Die wechselweise Projektion, das abwechselnde Sich-hinaufwenden und Sich-herabwenden des Fuxi, war keineswegs nur eine Aktivität des Subjekts auf der Erde, sondern hatte, ihrem eigentlichen Sinn entsprechend, selbst ihr Vorbild wiederum in einer Aktivität des Himmels. So läßt zum Beispiel in dem folgenden Liedgedicht aus dem »Buch der Lieder« (*Shijing*) der Himmel analog dazu ›seine Boten auf und nieder steigen‹. Das offenbar von einem König verfaßte und jedenfalls aus der Zeit vor KONFUZIUS (551-479 v. Chr.) stammende Gedicht demonstriert eindrucksvoll das Bewußtsein einer grundlegenden Abhängigkeit von der Inspiration durch den Himmel:

*Verehre ihn! Verehre ihn!*
*Daß der Himmel sich offenbare!*
*Nicht leicht ist's, seinen Auftrag zu behalten.*
*Sag nicht, er ist ja hoch, so hoch dort oben;*
*Denn auf und nieder läßt er seine Boten steigen,*
*Und täglich überwacht er unser Hier und Jetzt.*

*Ich, nur ein kleines Kind, mitnichten klug, verehre ihn:*
*Die Sonne und der Mond ziehn ihre Bahn,*
*Und ich will lernen, durch ihr Licht und ihren Schein*
*Fortlaufend Einsicht zu gewinnen;*
*Daß sie mir helfen, diese Last zu schultern,*
*Daß sie mir den leuchtenden Pfad der Tugend zeigen.*[16]

Betrachten wir dieses Gedicht einmal etwas genauer. In der ersten Strophe scheint der Himmel eine persönliche Instanz zu sein, die durch ihre Boten eine Kontrolle über die Menschen ausübt; in der zweiten wird er durch die Naturphänomene Sonne und Mond dargestellt. Dieser Doppelsinn ist charakteristisch für eine zwar ›religiöse‹ Auffassung des Himmels, die diesen jedoch nicht metaphysisch oder jenseitig im Sinne von Unsichtbarkeit und Gestaltlosigkeit definiert, wohl aber *animistisch* auslegt. Es ist der natürliche Himmel, aber zugleich ein belebtes Wesen oder von belebten Wesen bewohnt.

Schon in der Zeit der Shang-Dynastie (16.-11. Jh.) wurde der Himmel u. a. als ein Gott mit dem Namen Shangdi, ›Kaiser in der Höhe‹, personifiziert. Dieser Gott war jedoch kein eigenständiger, metaphysischer Weltschöpfer, sondern repräsentierte nur den natürlichen Himmel in höchster Instanz. Da alle menschlichen Einrichtungen durch den Himmel inspiriert waren, mußte es dort im Himmel auch so etwas wie einen König oder Kaiser geben. Ein eigentlich anthropomorpher Gottesbegriff hat sich in China gegenüber der Vorstellung des naturhaften, auf die Erscheinungsordnung des Himmels gegründeten Weltgesetzes Dao niemals durchgesetzt.

Auf den ersten Blick würde man gerade den Begriff ›Auftrag des Himmels‹ als ein sicheres Indiz für dessen personalen Charakter deuten. Aber das Wort *ming* ›Auftrag‹ (in der ersten Strophe) ist bezeichnenderweise etymologisch identisch mit dem nur anders geschriebenen Wort *ming* ›Licht‹ (in der zweiten Strophe), dessen Schriftzeichen aus den Bestandteilen ›Sonne‹ und ›Mond‹ zusammengesetzt ist.[17]

Der Auftrag des Himmels, die höchste moralische Instanz im traditionellen China, war keine verbale Offenbarung wie das ›Gotteswort‹ in der jüdisch-christlichen Tradition. Seine ursprüngliche Ausdrucksform bestand in den natürlichen Erscheinungen selbst. Das kulturbildende Ordnungsmuster der symbolischen Formen wurde in direkter Analogie zur Erscheinungsordnung des Himmels entwickelt. Daher war dieses Muster in seiner Grundstruktur ein *Kalendersystem.* Die Einrichtung und rituelle Verwaltung des Kalenders war die vornehmste Funktion des Königs und bildete die höchste Ebene des Staatskultes. Zugleich aber bedeutete die damit hergestellte Vermittlung zwischen Himmel und Erde eine Kommunikation mit den Gottheiten und göttlichen Ahnengeistern, die den Himmel bewohnten.

Die in diesem Sinn zugleich konkret wie animistisch zu verstehende Vermittlung zwischen Himmel und Erde war das Grundmotiv der chinesischen Frühzeit und die eigentliche Domäne der Schamanen. In einer berühmten Stelle im Buch *Guoyu* (»Gespräche aus den Feudalstaaten«) werden die Schamanen und Schamaninnen ausdrücklich als Experten für die synthetische Korrelation von ›Oben‹ und ›Unten‹, d. h. von Himmel und Erde definiert:

> *Es gab unter den Menschen welche, die waren so scharfsinnig, konzentriert und zugleich ehrfürchtig und korrekt in ihrer inneren Haltung, daß ihre Weisheit sie dazu befähigte, das Oben und das Unten zu Bedeutungen zu verknüpfen. Durch ihre Intuition konnten sie erhellen und erklären, was fern und glänzend ist. In ihrer Erleuchtung vermochten sie es klar widerzuspiegeln, durch ihre Klugheit konnten sie es verstehen und durchdringen. Auf diese Weise stiegen in ihnen die Gottheiten des Lichtes herab. Im Fall eines Mannes nannte man sie ›Schamanen‹* (xi), *im Fall einer Frau ›Schamaninnen‹* (wu).[18]

Man kann daraus, mit K. C. CHANG, auch auf die gesellschaftliche Machtstellung der Schamanen schließen:

> *Es ist der Himmel, wo alle Weisheit über die menschlichen Angelegenheiten liegt... Der Zugang zu diesem Wissen war natürlich unerläßlich für die politische Machtausübung... Schamanen waren daher ein entscheidender Teil jedes Fürstenhofes; in der Tat sind sich die Fachgelehrten des alten China darüber einig, daß der König selbst praktisch Oberschamane war.*[19]

Das heißt natürlich, daß die schamanistische Geisteshaltung als solche in der Frühzeit keineswegs auf Spezialisten beschränkt war, sondern das Bewußtsein der Oberschicht bestimmte und damit die herrschende Weltanschauung bildete. ›Das Oben und das Unten zu Bedeutungen zu verknüpfen‹ war das zentrale Anliegen der vorkonfuzianischen Epoche. Es war das Verfahren, mit dem in den symbolischen Formen von Mythos und Ritus die Grundlagen der chinesischen Hochkultur geschaffen wurden. Das Strukturmuster dieser Formen wurde durchaus methodisch als Synthese der himmlischen Erscheinungen und der irdischen Gestalten und damit zugleich als das Medium der Kommunikation mit den Ahnengöttern entwickelt. So war die Schöpfung der Mythologie und ihre Institutionalisierung in einer rituellen Gesellschaftsordnung auf eine konkrete Weise vom Himmel inspiriert, eine *Suggestion* des Himmels. Wie wir noch an vielen Beispielen sehen werden, ergibt sich auf diesem Hintergrund eine *Logik des Mythos*, die unmittelbar auf der Eigengesetzlichkeit der Himmelserscheinungen beruht.

Wie im Westen gab es jedoch auch in China schon früh eine geistesgeschichtliche Entwicklung, deren Tendenz in der Ausrichtung des Denkens vom Mythos zum Logos führte. Das Strukturmuster der symbolischen Formen wurde ursprünglich als das Geflecht des Mythos gebildet und dann immer weiter rationalisiert. Dabei war in der Amplitude der Vermittlung zwischen Himmel und Menschenwelt die Nähe und der Vorrang des Himmels das Kennzeichen des mythischen Denkens, während sich der Schwerpunkt später auf die Erfassung der Menschenwelt im Sinn einer logischen Begriffs-

5 Taoistisches Zauberbild zum Schutz des Körpers, als Abwandlung des Schriftzeichens ›Leben‹ (*sheng*) komponiert (links).
6 Taoistisches Zauberzeichen gegen Schaden durch den Schwarzen Tiger der Berge und den Schwarzen Nebel (rechts).

sprache verlagerte. ZHANG XUECHENG, ein chinesischer Gelehrter des frühen 19. Jh., umschrieb diese Entwicklung mit den Worten: »Im hohen Altertum war es das Hauptziel, den Weg des Himmels zu erforschen. Im mittleren Altertum war es die Erforschung der Angelegenheiten des Menschen.«[20]

Dies bedeutete die Tendenz zu einer fortschreitenden *Entmythologisierung*, die sich in der Dimension des Weltbildes so artikulierte, daß der Himmel immer mehr in eine unerreichbare Ferne rückte. »In den Epochen der Shang und der Zhou,« schreibt K. C. CHANG, »gab es durchwegs eine beständige Überzeugung, daß die Welt der Götter für die Welt der Menschen zugänglich war. Während aber in früheren Perioden diese Zugänglichkeit als sicher galt, wurde die Kommunikation zwischen den beiden Welten in späteren Zeiten nach manchen Versionen der Überlieferung schwierig, nach anderen völlig unterbrochen.«[21]

Im »Buch der Dokumente« (*Shangshu*) wird diese Unterbrechung, noch ganz in der Sprache des Mythos, als eine vom Himmelskaiser verfügte *Trennung von Himmel und Erde* umschrieben. Zugleich heißt es dort, daß dieser das *Volk der Miao* – angeblich wegen der Grausamkeit seiner Rituale – ausrottete.[22] Jene Miao-Leute werden an anderer Stelle als *geflügelte Wesen* beschrieben, die nach der Trennung von Himmel und Erde das Fliegen verlernten.[23] Man erkennt darin unschwer die Zunft der Schamanen, deren spiritueller Verkehr zwischen Himmel und Erde die Assoziation mit dem Vogelflug nahelegte, und die auch häufig mit Flügeln dargestellt wurden (Abb. 18). Die Trennung von Himmel und Erde bedeutete zugleich die Absage an das Schamanentum.

Um die systematische Durchführung der Entmythologisierung machte sich insbesondere der berühmte Philosoph KONFUZIUS (551-479 v. Chr.) verdient, dessen Schule in übermächtiger Weise die spätere Staatsphilosophie bis zur Neuzeit bestimmen sollte. In den von seinen Schülern aufgezeichneten »Gesprächen« (*Lunyu*) wird berichtet, daß der ›Weg des Himmels‹ (*tiandao*) zu den Dingen gehört habe, über die der Meister niemals sprach.[24]

Die Methode des KONFUZIUS bestand darin, das überlieferte, im mythologischen Geist des Schamanismus verfaßte Schrifttum zu entmythologisieren, d. h. selektiv unter dem Gesichtspunkt einer praktischen, auf den ›Weg des Menschen‹ bezogenen Staats- und Moralphilosophie zusammenzustellen und, wichtiger noch, es in diesem Sinn *umzudeuten*.

Diese Umdeutung wurde von KONFUZIUS und anderen Gelehrten seiner Zeit unter der Parole *zhengming*, ›Richtigstellung der Namen‹, betrieben. Um ihren Grundgedanken verständlich zu machen, möchte ich dafür ein kurzes Beispiel aus dem bereits zitierten Gedicht aus dem »Buch der Lieder« geben. Die in diesem Buch überlieferten 305 Liedgedichte soll KONFUZIUS aus einer Anzahl von 4000 ihm vorliegenden Texten ausgewählt haben.

In der zweiten Strophe des besagten Gedichtes haben wir gelesen: »Die Sonne und der Mond ziehn ihre Bahn, / Und ich will lernen, durch ihr Licht und ihren Schein / Fortlaufend Einsicht zu gewinnen.«

Nun bedeuten aber die Schriftzeichen für ›Sonne‹ und ›Mond‹ unter dem Aspekt der ›menschlichen Angelegenheiten‹ auch ›Tag‹ und ›Monat‹, und der mit ›Licht und Schein‹ wiedergegebene Ausdruck (*guangming*) kann in dieser Hinsicht auch als ›Erleuchtung‹ oder ›Erkenntnis‹ aufgefaßt werden; und so gelangte man in der konfuzianischen Tradition zu folgender Deutung der Stelle:

> *Ich werde jeden Tag Fortschritte machen und jeden Monat vorangehen; ich werde von denjenigen lernen, die fortgesetzt einsichtig sind in ihrer (Helligkeit =) Erleuchtung.*[25]

Man sieht an diesem Beispiel, wie in den Bedeutungsfeldern der Schriftzeichen der Doppelsinn eines himmlischen und eines menschlichen Aspektes als assoziative Einheit vorgegeben war. Mit der Trennung von Himmel und Erde aber wurden diese unterschieden, wobei man nach Möglichkeit eine Interpretation im Sinne des praktischen – bzw. psychologischen – zweiten Aspekts bevorzugte.

Auf diese Weise trat an die Stelle des direkten Bezuges zum Himmel die Autorität der geheiligten, vom Meister zusammengestellten »Fünf klassischen Bücher« (*Wujing*), die das Wissen der erleuchteten Heiligen Menschen des Altertums überlieferten. Die Naturreligion wurde zur Buchreligion. Die Philosophie des KONFUZIUS war ein moralistischer und im Rahmen des noch höchst archaischen Umfeldes tendentiell rationalistischer Humanismus. Der Leitgedanke vom Auftrag des Himmels wurde zwar aufrechterhalten, aber immer mehr in der abgeleiteten Form eines moralischen Imperativs verstanden, dessen Prinzipien in den heiligen Schriften kodifiziert waren und die immanente Bestimmung des menschlichen Wesens bedeuteten. »Was der Himmel befiehlt, nennt man die menschliche Natur«, heißt es in dem aus der konfuzianischen Schule stammenden Buch *Zhongyong* (»Gebrauch der Mitte«; ca. 4. Jh. v. Chr.).[26] Der Wandel in der ethischen Orientierung vollzog sich damit insgesamt als eine Entwicklung »vom konkreten astronomischen Phänomen am Himmel zum moralischen Postulat«.[27]

Diese Entwicklung bedeutete einen tiefgreifenden, sich über Jahrhunderte erstreckenden kulturgeschichtlichen Umbruch, der in der Lehre des KONFUZIUS erstmalig einen systematischen und in gewisser Weise für die ganze weitere Entwicklung paradigmatischen Ausdruck fand. Die kontroverse Verarbeitung dieses Umbruchs erzeugte die Blüte der chinesischen Philosophie in der Zeit der Streitenden Reiche (481-256 v. Chr.) mit einer Vielfalt verschiedener Standpunkte und Perspektiven. Dabei bildete vor allem die Schule der Philosophen LAOZI und ZHUANGZI (*daojia*) das konservative Lager, das im Prinzip an der Geisteshaltung des vorkonfuzianischen Schamanismus festhielt. Seine Tradition etablierte sich in der esoterischen Untergrundphilosophie des Taoismus dauerhaft als ein geistesgeschichtlicher Gegenpol zur konfuzianischen Staatsphilosophie und lebte in der Volksreligion weiter.

Gleichwohl darf man im Hinblick auf die vorherrschenden Strömungen von einer tendentiell rationalistischen Epoche sprechen, in der sich eine archaische Form von Aufklärung vollzog. Verglichen mit der radikalen Aufklärung der europäischen Neuzeit blieb diese freilich in den durch das Fortbestehen des geozentrischen Weltbildes gesetzten kosmologischen Grenzen befangen. Auch für den Vergleich mit der etwa gleichzeitigen Aufklärungsbewegung in der griechischen Antike, zu der KARL JASPERS die Parallele unter dem geistesgeschichtlichen Dachbegriff einer weltweiten ›Achsenzeit‹ gezogen hat, ist daran zu erinnern, daß dort der Gedanke des heliozentrischen Weltbildes schon bekannt war (erstmalig bezeugt bei ARISTARCH VON SAMOS um 270 v. Chr.) – wenngleich es sich erst fast 2000 Jahre später unter dem Namenssiegel des KOPERNIKUS allgemein durchsetzte.

Insofern kann man im Falle Chinas die Begriffe ›Entmythologisierung‹ und ›Aufklärung‹ nur in Anführungszeichen gebrauchen, da auch die entmythologisierten Kategorien noch im Bezugssystem eines scheinhaften, d. h. mytho-logischen Weltbildes verwurzelt blieben. Das Faszinierende an der vergleichsweise sehr archaischen Gedankenwelt des chinesischen Altertums aber ist gerade, daß man hier deutlich sehen kann, wie die Denkmuster und Kulturformen geradezu methodisch auf der Naturgrundlage des Erscheinungskosmos entwickelt wurden. Man könnte daher auch von einer Form der Aufklärung sprechen, die sich nicht in der mechanistischen Logik der Physik, sondern, modern gesprochen, in der organischen Logik der Evolution artikulierte.

## *Bild und Schrift*

Die skizzierte Verschiebung des geistesgeschichtlichen Schwerpunktes von der Erscheinung zur Gegenständlichkeit bzw. von den Bildern des Himmels zur Menschenwelt spiegelt sich unmittelbar in der Entwicklung des Mediums wider, in dem uns die Kenntnis des chinesischen Altertums vor allem überliefert ist, nämlich der chinesischen Schriftsprache; denn das Schreiben ist in China nicht als ein Mittel zur Aufzeichnung menschlicher Rede für andere Menschen entstanden, sondern zur Kommunikation zwischen den Gottheiten oder Ahnengeistern des Himmels und den Menschen auf der Erde, d. h. als Vermittlung zwischen Himmel und Erde.[28]

Dies ist so zu verstehen, daß der Akt des Schreibens selbst als direkter Ausdruck des permanenten kosmischen Schöpfungsaktes gedacht wurde, mit dem sich die Muster des

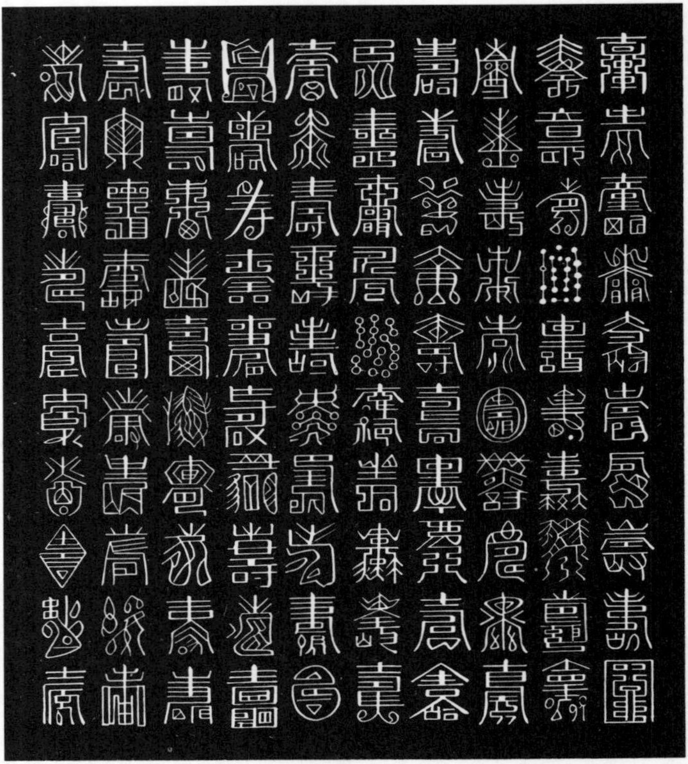

7 Die hundert magischen Abwandlungen des Schriftzeichens ›langes Leben‹ (*shou*).

Himmels in den Gesetzmäßigkeiten der Erde niederschlugen. Cangjie, der mythische Erfinder der Schreibkunst, wurde daher mit zwei Augenpaaren dargestellt, einem oberen und einem unteren, so daß er gleichzeitig den Himmel und die Erde sehen konnte (Abb. 2). Auch sollen ihn die Spuren der als Boten des Himmels gedeuteten Vögel auf dem Erdboden zur Erfindung der Schrift inspiriert haben. Und weiter wird berichtet, daß darauf die Dämonen in der Nacht zu weinen begannen; denn »die die Welt entschlüsselnde

Schrift, Frucht der Verknüpfung zwischen Himmel und Erde, Oben und Unten, kündigte die Macht der Menschen über sie an«.[29]

Die assoziative Verknüpfung von Himmel und Erde war jedoch nicht nur das Prinzip der Schriftschöpfung, die wohl erst im Lauf der ersten zwei bis drei Jahrhunderte der Zhou-Dynastie zur entwickelten Form einer regelrechten Schrift-Sprache führte, sondern der Symbolproduktion überhaupt. Sie war das Prinzip eines mythischen Denkens, das den Mythos vor allem im synästhetischen Medium des Rituals darstellte. Die Rituale sind aus Ekstasetechniken der Schamanenpriester entstanden, durch die diese in einen intuitiven Kontakt mit den Mächten des Himmels traten. Eine solche Ekstasetechnik war offenbar der legendäre Tanz des Yu (Abb. 8). Wie wir in Kapitel I sehen werden, besaßen die Rituale daher auch noch in ihren späteren und kodifiziert überlieferten Formen die Struktur einer symbolischen Nachahmung der Himmelserscheinungen, um

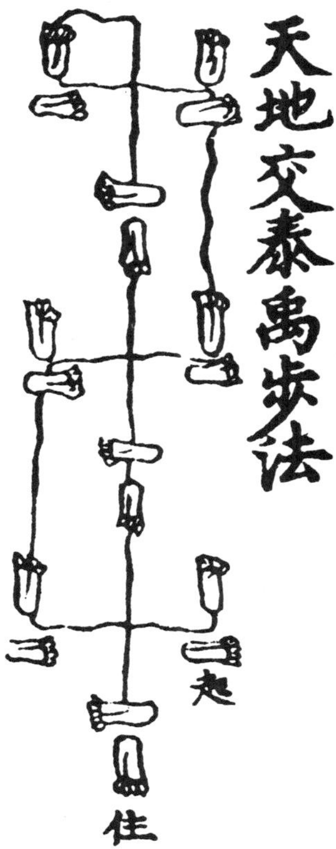


8 »Verkehr zwischen Himmel und Erde im Schrittverfahren des Großen Yu«. Hier wird da[illegible]e Motiv vom Tanz des Yu in einer späten Form (12. Jh.) dargestellt. Die sieben Schritte (der erste und der letzte wurden nicht mitgezählt) dieses taoistischen Meditationstanzes symbolisieren die sieben Sterne des Sternbildes Großer Wagen, so daß der Tanz sich damit zugleich ›im Himmel‹ abspielt. Die Schritte wurden auch von Mann und Frau gemeinsam in Kombination mit Geschlechtsverkehr getanzt.

damit dann unmittelbar dem Auftrag des Himmels zu entsprechen.

Wie man sich den Ursprung der Schrift im Zusammenhang der frühen Rituale vorstellen muß, hat Léon Vandermeersch aufgrund der Untersuchung archaischer Formen von einschlägigen Schriftzeichen sehr überzeugend rekonstruiert.[30] So bedeutete das Schriftzeichen *yue* 曰 (in der archaischen Form ), das ein geschriebenes Zitat einleitet, ursprünglich das Bild eines ›Schriftträgers‹, d. h. eines flachen, mit einer Schicht Sand gefüllten Gefäßes, in das beschriftete Täfelchen aus Holz oder Bambus gesteckt wurden, wie man es bis heute in chinesischen Tempeln mit Räucherstäbchen praktiziert. Auf diesen Täfelchen war die Botschaft oder die Frage an den Himmel aufgezeichnet, die das Ritual ausdrücken sollte. Das Schriftzeichen für ›Schreiber‹ (*shi* 史) stellte ursprünglich eine Hand dar, die einen an einer Stange befestigten Schriftträger emporhält, um die darin enthaltene Botschaft dem Himmel darzubieten. Der Schreiber antwortete damit rituell dem Gestus, mit dem der Himmel selbst in der umgekehrten Richtung seine ›Zeichnungen‹ (*wen*) oder ›Bilder‹ (*xiang*) ›herabhängen‹ ließ, wie es in den alten Texten heißt.

Die Botschaften auf den Täfelchen waren graphische Zauberformeln, die, »der Entwicklung der Schrift vorausgehend, noch nichts als Talismane gewesen sein müssen, das heißt Kompositionen von nebeneinandergestellten oder verschachtelten graphischen Formen noch ohne jede Artikulation sprachlichen Charakters«[31]. Sie waren magische Schlüssel oder Paßformen (*fu*) für den Kontakt mit dem Himmel und der Welt der Ahnengötter, indem sie die jeweilige Situation in einer assoziativen Einheit mit den Himmelserscheinungen als die ganzheitliche Informationsspur des kosmischen Augenblicks darstellten. Die Schamanen versetzten sich in die Lage, diese mediale Dimension in ekstatischer Schau zu erfahren und als ›Schreiber‹ graphisch zu artikulieren. Dabei spielten offenbar psychedelische Pflanzendrogen eine große Rolle, die in den frühen Quellen durch die außerordentliche rituelle Bedeutung und spätere Bekämpfung des ›Weins‹ belegt sind.

Solche magischen Schrift-Bilder aus der chinesischen Frühzeit sind uns zwar nicht überliefert. Wir können uns aber dennoch eine lebhafte Vorstellung davon machen, da sich im Taoismus die Tradition ihrer spontanen Schöpfung aus der ekstatischen Vision heraus erhalten hat. Die mehr als 1000 Werke umfassende Sammlung taoistischer Texte *Daozang* ist voll von graphischen Kompositionen dieser Art, mit denen eine bewußtseinserweiternde oder psychotherapeu-

9 Taoistische Geisterschrift, die eine Abwandlung der Hexagramme des *Yijing* darstellen soll.

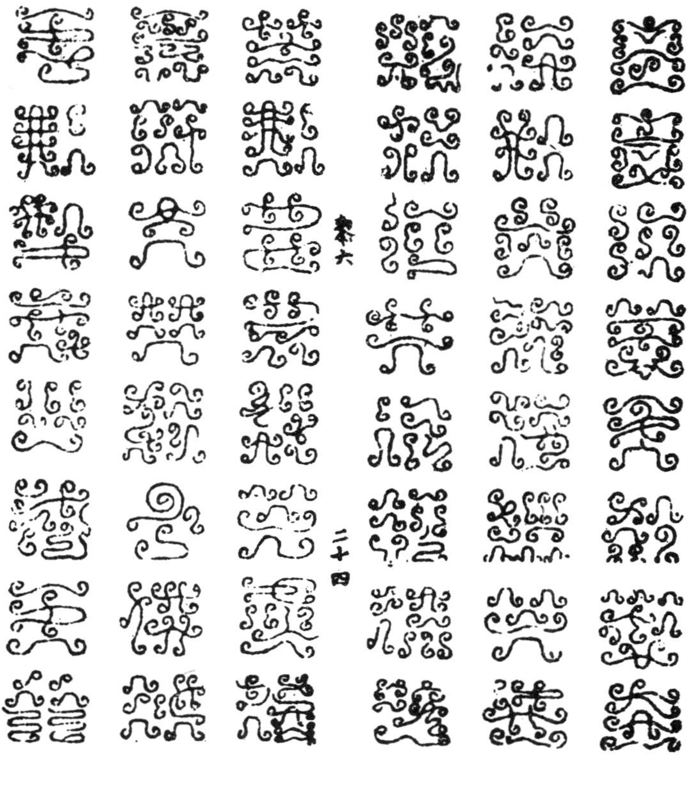

tisch wirksame Wesensschau vermittelt werden sollte, d. h. ein Strukturbild des inneren Zusammenhanges der Dinge mit der Welt der Geister und Gottheiten des Himmels (Abb. 3-6).

Diese Bilder weisen vielfach ein hohes künstlerisches Niveau auf. Indem sie keine Gegenstände, sondern körperlose Erscheinungsstrukturen, also rein geistige Wesenheiten darstellen, sind darin quasi schon die charakteristischen Elemente der gegenstandslosen Kunst unseres Jahrhunderts vorweggenommen.

Viele der Bilder besitzen ausgesprochenen Schriftcharakter, sind ›Geisterschriften‹ aus frei erfundenen Phantasiezeichen – aus konfuzianischer Sicht ein Sakrileg gegen die geheiligten, in den klassischen Büchern festgelegten Schriftformen. Dies nannten die Taoisten ›wahres Schreiben‹ (*zhenwen*), in dem sich die ›Himmelsschrift‹ (*tianwen*) manifestierte.[32]

Damit wurde von den Taoisten praktisch die schamanistische Tradition der ursprünglichen Schriftsymbolschöpfung fortgesetzt. In einer Philosophie der schöpferischen Spontaneität lehnten sie die spätere verbindliche Festschreibung der Wortzeichen als allgemeingültigen Sprachkodex und symbolisch determiniertes Raster der Realität ab. Für sie manifestierte sich der Weg des Himmels immer wieder neu in der unmittelbaren Erfahrung. Jede Situation erforderte ihren eigenen, aus der spontanen Intuition zu gewinnenden Ausdruck – denn, wie Laozi sagt: »Der Weg (Dao), der begangen werden kann (d. h. der wahre Weg), ist kein beständiger Weg. Die Namen, die benennen können (d. h. die wahren Namen), sind keine beständigen Namen.«[33]

Dies ist auch der sprachphilosophische Hintergrund der taoistischen Doktrin des *wuwei*, was meist mit ›nicht (zielgerichtet) handeln‹ übersetzt wird. Das Wort *wei* drückt aber normalerweise das prädikatbildende ›ist‹ des schriftsprachlichen Satzes aus, d. h. die Funktion der ›Kopula‹, mit der ein Begriff durch einen anderen *definiert* wird. Der ursprüngliche, nämlich sprachtheoretische Sinn des *wuwei* ist daher ›nicht definieren‹.

Wie immer die graphischen Formeln der Schreiber-Schamanen in der Frühzeit wirklich ausgesehen haben mögen, sie waren jedenfalls ein Bestandteil von Ritualen, die man als Kommunikation mit den Ahnengöttern im Himmel veranstaltete. Als ein Ausdruck der rituellen Funktion sind auch die großartigen, seit ca. 1450 v. Chr. auftretenden Bronzegefäße der Shang-Dynastie zu verstehen. Auf den Gefäßen findet man kurze Inschriften, die, wie VANDERMEERSCH glaubt, »als Schreiben an die Geister dieselbe Rolle spielten wie in der vorausgehenden Entwicklungsphase die in die Schriftträger gesteckten magischen Formeln«[34].

Dem entspricht in der Tat auch die Symbolik in der Gestaltung der Bronzen selbst. Diese sind als mythische Weltmodelle zu verstehen, die mit ihrer Gefäßform die dunkle Innen- oder Nachtseite und die helle Außen- oder Tagseite der Welt darstellen, als symbolische Verkörperungen der bipolaren Himmelsordnung. Bei der Auffindung solcher Gefäße in späteren Jahrhunderten glaubte man tatsächlich, sie seien vom Himmel gefallen. Wie CARL HENTZE gezeigt hat, ist in der reichen Symbolik ihres Dekors immer wieder das Verhältnis zwischen der Unterwelt des Totenreiches und der Oberwelt der Lebenden formuliert, das wiederum in Analogie zu dem Wechselverhältnis von Nachthimmel und Taghimmel gedacht wurde. Die rituelle Vermittlung zwischen Himmel und Menschenwelt hatte offenbar ursprünglich den Sinn, daß der Naturkreislauf von Tod und Wiedergeburt aufrechterhalten wurde.[35]

10 Gegossene Inschrift (oben) auf einem Bronzegefäß aus dem Grab einer vornehmen Frau (Shang-Dynastie). Die Inschrift liest sich Si Mu Xin und bedeutet vermutlich den posthumen Geisternamen der Toten.

Die Inschriften auf den Shang-Gefäßen bestanden aus wenigen, meist nur einem einzigen schwer zu entziffernden Zeichen, die man als posthume Namens- oder Clanszeichen der Verstorbenen deutet, denen die Gefäße oft als Grabbeigaben gewidmet waren. Sie formulierten also gleichsam die ›Adresse‹ des Ahnengeistes, an den sich das mit dem Gefäß vollzogene Ritual richtete.[36]

Von einer eigentlichen Schrift-Sprache aber, in der die Artikulation von Sätzen möglich gewesen wäre, kann man offenbar auch auf dieser Entwicklungsstufe der Shang-zeitlichen Bronzeinschriften noch nicht sprechen. Das kulturgeschichtliche Vehikel für die Entwicklung einer solchen war vielmehr eine andere Form ritueller Veranstaltungen, nämlich das Orakelwesen.

In den frühesten Formen wurde das Orakel, das sich aus dem Tieropfer entwickelt hatte, mit Hilfe von Rinderknochen oder Schildkrötenpanzern durchgeführt. Indem man diese über einem Feuer erhitzte, ergaben sich Sprünge, deren Gestalt als Informationen der Himmelsgottheiten gedeutet wur-

11 Vorder- und Rückseite eines Bronzegefäßes aus der Shang-Zeit in Gestalt des mythischen Tigers Taotie, der einen Menschen verschlingt. Die kultische Vermittlung zwischen Himmel und Erde bedeutete den Naturkreislauf von Tod und Wiedergeburt.

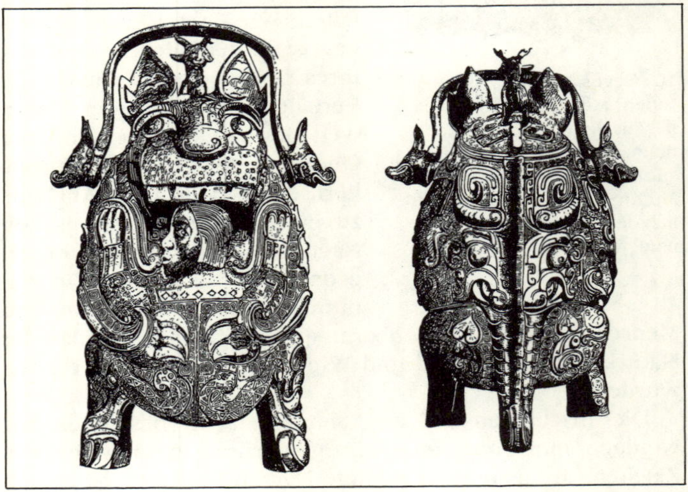

12 Inschrift auf einem Orakelknochen, die die Befragung des Orakels über eine Kindgeburt dokumentiert (Shang-Zeit).

den. Es war sozusagen eine experimentelle Methode, die jeweilige Einwirkung des Himmels (des Sonnenfeuers) auf die irdische Materie (den Rinderknochen) festzustellen, um damit den Lauf der Dinge voraussagen zu können.

Auf diesen Knochen bzw. Schildkrötenpanzern, die man in großer Zahl ausgegraben hat, finden sich nun ausführlichere, wenngleich immer noch sehr knappe Inschriften, mit denen die Risse erklärt wurden, die sogenannten *jiaguwen* (›Panzer- und Knochenschriften‹). Diese waren, wie VANDERMEERSCH schreibt, »sozusagen als Untertitel der Orakeldiagramme geschaffen« worden. In ihnen »beginnen die ideographischen Formeln eine sprachlich artikulierte Richtung einzuschlagen«. VANDERMEERSCH kommt zu dem Schluß:

*Anscheinend war es auf diese Weise die Zusammenstellung des diagrammatischen und des ideographischen Ausdrucks ein und desselben Orakelmandates, was unter den Yin [= Name der späteren Shang-Dynastie; ca. 1300-1050 v. Chr.] durch wechselweise Beeinflussung die sehr großen und sehr schnellen Fortschritte einerseits der Analyse des Knochenorakels, andererseits der ideographischen Algorithmik herbeigeführt hat.*[37]

In der Tat besteht kein Zweifel, daß die methodische Systematik der Schriftschöpfung aus der Theorie des Orakels hervorging. Diese erreichte ihre höchste Entwicklungsstufe jedoch noch nicht in den Panzer- und Knochenschriften, sondern erst im Orakelsystem des *Yijing*. Wie wir in Kapitel II sehen werden, liefert das »Buch der Wandlungen« eine hochsystematische Formulierung des Zusammenhanges zwischen dem binären Erscheinungsmuster des Himmels und seinen graphischen, d. h. protoschriftlichen Manifestationen auf der Erde, die wiederum als Ordnungsschema für die Betextung mit den eigentlich schriftsprachlichen Orakelsprüchen dienten.

Mit der auf diese Weise fortschreitenden Systematisierung des schriftsprachlichen Formenschatzes wurde die Ablösung vom regulativen Gerüst des Orakels und die freie Formulierung von Texten möglich. Zur Zeit der Westlichen Zhou-Dynastie finden wir die ersten etwas längeren Inschriften auf Bronzegefäßen. Darin werden Ereignisse wie etwa Titelverleihungen durch den König mitgeteilt, die das Gefäß dokumentieren sollte. Es entstand eine Literatur von Schriftdokumenten, die zum Teil im *Shangshu* (»Buch der Dokumente«) überliefert sind, und eine Literatur von Liedgedichten, die in ausgewählten Exemplaren mit der von KONFUZIUS zusammengestellten Gedichtsammlung *Shijing* (»Buch der Lieder«) auf uns gekommen ist.

Da die Gedichte gereimt sind, bestand hier bereits eindeutig eine determinierte Korrelation zwischen den Schriftzeichen und den Worten der Lautsprache. Sowohl die Dokumente als auch die Gedichte aber sind, wie wir in Kapitel III an verschiedenen Beispielen sehen werden, noch in der schamanistischen Tradition mytho-logisch konstruiert, nämlich als »Verknüpfung des Oben und des Unten zu Bedeutungen«.

Unter den Dokumenten des *Shangshu* findet sich auch der Befehl des Himmelskaisers, mit dem er die Trennung von

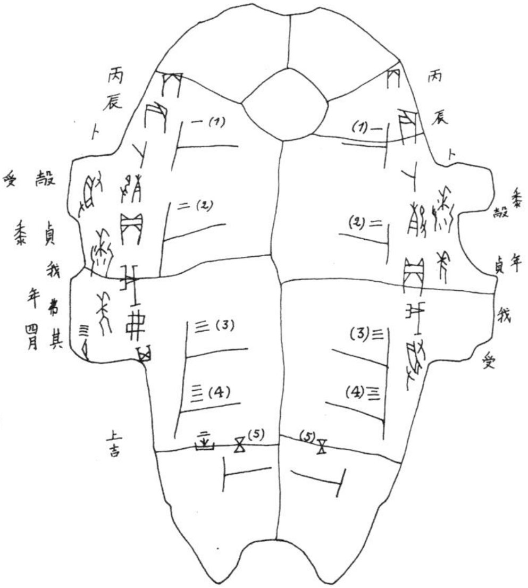


13 Nachzeichnung eines Schildkrötenpanzers mit fünf (durch die Zahlen markierten) Orakelsprüngen und ihrer Beschriftung, die außen herum in modernen Schriftzeichen wiedergegeben ist.

Himmel und Erde verfügte. Dieser formuliert die kosmologische Weichenstellung für den Entmythologisierungsprozeß, mit dem das Netzwerk der Zeichenbedeutungen vom Erscheinungsplan des Himmels abgezogen und in ein prädikatives Begriffssystem für die praktischen Belange der irdischen Menschenwelt überführt wurde: Die Dimension des Mythos, d. h. der *Bildungsmodus* des Zeichensystems, tritt hinter die Dimension des Logos zurück, die seinen *Gebrauchsmodus* bedeutet. Das kosmische Grundmuster des Mythos wurde durch ein prädikatives System von Definitionen überlagert, in dem es nicht verschwindet, aber nur noch als die formale Ordnung von analogischen Korrelationen zwischen Begriffen bestimmt wird. Die mythischen Kategorien des Erscheinungskosmos wurden damit in die Immanenz einer räumlich-dinglichen Weltvorstellung projeziert.

So wurde etwa das kosmische Ordnungsmuster der ›Fünf Wandernden‹ (*wuxing*) emblematisch durch die fünf Elemente Wasser, Metall, Feuer, Holz und Erde definiert und zur analogischen Gliederung der verschiedensten Bereiche verwendet: Es gab die fünf Farben, die fünf inneren Organe, die fünf gesellschaftlichen Beziehungen u.s.w. Der kosmische Ursprung dieser Fünfheit, die fünf mit bloßem Auge sichtbaren ›wandernden‹ Sterne oder Planeten, erschien dabei durch die Bezeichnungen ›Wasserstern‹ (Merkur), ›Metallstern‹ (Venus), ›Feuerstern‹ (Mars), ›Holzstern‹ (Jupiter) und ›Erdstern‹ (Saturn) nur noch als eine der vielen Ebenen, in denen sich das analogische Ordnungsmuster der Fünfheit manifestierte.

Dem entspricht der für die traditionelle chinesische Philosophie charakteristische Grundzug der ›korrelativen Anthropokosmologie‹. Die prädikative Logik blieb damit praktisch unter der Dominanz der Analogie, der Logos eine objektivierende und analysierende Verkleidung des Mythos. Der analogische Parallelismus ist eine Struktur, die in der klassischen chinesischen Schriftsprache, anders als in allen modernen Sprachen, wesentlich zum grammatischen Regularium gehört.

Unter diesen geistesgeschichtlichen Vorzeichen entwickelte sich im Lauf der Jahrhunderte eine Philosophie des menschlichen Wesens, die in der konfuzianischen Tradition zu einer hochentwickelten Staats- und Gesellschaftskultur, in der taoistischen zu einer differenzierten Systemtheorie des psychobiologischen Organismus führte. Einige Grundelemente dieser Kulturtraditionen werden wir im Verlauf dieses Buches kennenlernen.

Diese einleitenden Ausführungen sind noch sehr abstrakt geblieben. Das Faszinierende an der chinesischen Denkweise aber ist gerade, wie verblüffend konkret sich ihre Kategorien aus dem natürlichen Erscheinungsmuster des Kosmos ableiten. Wir werden im folgenden Gelegenheit haben, dies anhand verschiedener charakteristischer Ausprägungen der chinesischen Kultur im Detail zu betrachten.

# I

# Der kaiserliche Opferkult

In den überlieferten Formen des kaiserlichen Opferkultes können wir noch recht deutlich nachvollziehen, wie sich die alte chinesische Himmelsreligion auf rituelle Weise artikulierte. Der Kult hatte den ursprünglichen Sinn, durch die symbolische Nachahmung der vergöttlichten Himmelserscheinungen in eine magische Verbindung mit ihnen zu treten und die Manifestation des Himmels in der Menschenwelt zu etablieren. Dies bedeutete zugleich die sakrale Darstellung der soziopolitischen Ordnung als Ebenbild des Himmels und die numinose Legitimation des Herrschers, der damit in demonstrativer Weise dem Auftrag des Himmels entsprach.

Es ging dabei aber nicht nur allgemein um die Herstellung einer magischen Einheit mit dem Universum. Wie wir im Lauf dieses Kapitels sehen werden, wurde zumindest in der Gründungsepoche der chinesischen Kultur, dem Zeitalter der Drei Dynastien (*Sandai*) Xia, Shang und Zhou durch die Gestaltung und Umgestaltung der Rituale auch der jeweilige Wandel in der Weltsicht artikuliert, d. h. die spezielle kosmische Perspektive, mit der eine neue Dynastie ihr ideologisches Regierungsprogramm definierte. Der Ritus war das ursprünglichste Medium, aus dessen sinngebendem Kontext heraus sich auch Sprache und Schrift erst allmählich als selbständige Ausdrucksformen entwickeln konnten.

## *Der Sohn des Himmels*

Die zentrale Figur der Opferzeremonien war der Herrscher selbst, der den Titel ›Sohn des Himmels‹ (*tianzi*) trug und zugleich als Gottkönig und als höchster Priester des Kultes fungierte. Sein göttliches Ur- und Vorbild in dieser Rolle war der mythische Ur-Chinese *Fuxi*, Gründer des Reiches und aller menschlichen Kultur, die man mit der chinesischen gleich-

14 Steinabreibung eines Reliefs im Wuliang-Tempel, Provinz Shandong. In der Gestalt des Gottes Fuxi wurden Yin und Yang durch seinen Schlangenkörper und seinen Menschenkopf symbolisiert. Hier ist seine zweigeschlechtliche Doppelnatur noch einmal durch die in drei Stufen von Trennung und Vereinigung gezeigte Paarung mit seiner Frau und Schwester Nügua dargestellt. Die zwei getrennten Gestalten links und rechts wenden sich einander entgegengesetzt hinauf (rechts) und hinunter (links).

setzte. Er war der ehrwürdigste unter den Heiligen Menschen des Altertums und galt in der offiziellen Darstellung der Geschichte als der erste chinesische Kaiser, der von 2852-2737 v. Chr. regiert haben soll. Von ihm wird berichtet, daß er »regierte, indem er den Himmel fortsetzte«, und daß er »das Licht von Sonne und Mond nachbildete«[38].

Auch die Gestalt des Fuxi selbst wurde als eine solche Nachbildung verstanden, wie der Mythos von seiner Geburt zeigt: Seine Mutter Huaxu (›Blütenall‹), eine Personifizierung des Sternenhimmels und zugleich der Erdmaterie, in der man die Sterne als Samenkörner des Himmels wiederzuerkennen glaubte, soll »in den Fußspuren des ›Großen Menschen‹ (*Daren*)« gewandelt sein und darauf in dem fiktiven Ort Chengji, ›Fertigstellen der Aufzeichnung‹, den Fuxi geboren haben.[39] Man stellte sich nämlich vor, daß die wechselnden Erscheinungsbilder des Mondes am Nachthimmel die Fußspuren eines ›Großen Menschen‹ wären, der dort oben auf der ›Obersei-

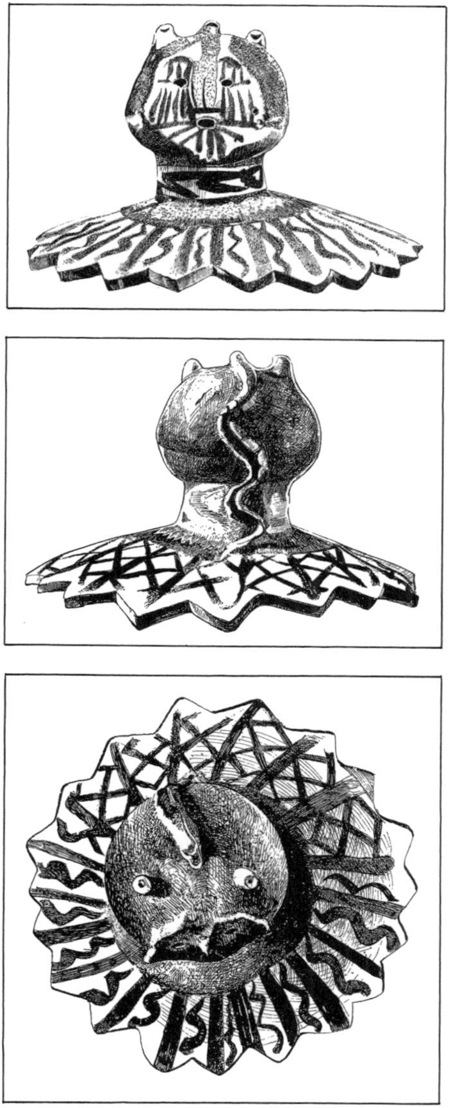

15 Neolithische Grabkeramik aus Gansu (um 2500 v. Chr.). Das Stück stellt einen zahlensymbolischen Mondkalender dar und belegt das hohe Alter des Mythos vom Mondgott Fuxi, dessen zwei Gesichter hier vorne als Menschenkopf und hinten als Schlangenkörper gestaltet sind. Die 13 Schlangenlinien repräsentieren die 13 siderischen Mondumläufe des Jahres, die 12 Rauten die 12 synodischen Monate. Die 19 Zacken des Rades symbolisieren die 19 Sonnenjahre der Meton-Periode, die das gemeinsame Vielfache dieser zwei Mondrhythmen bildet.

16 Hinterkopf einer 9000 Jahre alten Götterstatue aus einer Fundstätte im Südosten der Türkei. Die Schlangengestalt gleicht vollkommen derjenigen auf dem Hinterkopf des chinesischen Mondgottes in Abb. 15.

te‹ des Sternenzeltes über den Himmel schreitet. Die Idee lebt bis heute fort in der Sage von jenem geheimnisvollen ›Schneemenschen‹, dessen Fußspuren immer wieder in den Bergen des Himalaya gefunden werden, der sich aber selbst niemals sehen läßt.

Der ›Weg des Himmels‹ ist in diesem Mythos durch ›die Fußspuren des Großen Menschen‹ als der zwischen Tag und Nacht wechselnde Weg des Mondes am Himmel gekennzeichnet. Fuxi entstand durch die Nachahmung dieses Weges, die der Gang seiner Mutter in den Fußspuren darstellt, so daß diese Nachahmung seine Wesensart bildet und ihn zum ›Sohn des Himmels‹ macht.

Diesem lunaren Charakter entspricht auch die in seiner Gestalt ausgedrückte Doppelnatur des Fuxi, der nämlich kein gewöhnliches Kind war. Nur in der entmythologisierten Form der konfuzianischen Tradition wurde er als Mensch und weiser König dargestellt. In seiner mythologischen Gestalt aber hatte er den Kopf eines Menschen und den Körper einer Schlange. Dies symbolisiert die zwei Gesichter seines januskopfigen Wesens, die der Lichtseite und der Schattenseite des Mondes entsprechen.

17 Die zwei Brüder Xi und He werden von Kaiser Yao mit der Ordnung des Kalenders beauftragt.

命官授時圖
帝堯
羲氏
羲仲
羲叔
和氏
和仲
和叔

Man hat eine Keramik aus dem dritten Jahrtausend v. Chr. gefunden, die den Mondgott direkt als einen solchen Januskopf zeigt, indem sein Hinterkopf als Schlangenkörper gestaltet ist. Die Keramik stellt einen numerischen Mondkalender dar, also die lunare Ordnung des Himmels, die zugleich durch die Gottheit personifiziert ist (Abb. 15). Im vorderen Orient wurde neuerdings sogar der Kopf einer rund 9000 (!) Jahre alten Statue ausgegraben, der eine ebensolche ›Schlangenfrisur‹ aufweist (Abb. 16). Er bezeugt das außerordentlich hohe Alter dieser mythologischen Gestalt, wenngleich sie unter dem Namen Fuxi erst relativ spät, nämlich in der Han-Zeit (206 v. Chr. – 220 n. Chr.) belegt ist. Eine frühere Form des Fuxi scheint die namensverwandte Mondgottheit Xihe gewesen zu sein, die in der Mythologie als die Mutter oder der Wagenlenker der Sonne erscheint und von den Konfuzianern in zwei Kalenderbeamte, Xi und He, des Kaisers Yao umgedeutet, d. h. ›entmythologisiert‹ wurde.[40]

Der Mythos von Fuxi lehrt uns, wie die Urform des Rituals und damit des symbolischen Darstellens überhaupt direkt auf die Nachahmung des Mondwandels zurückgeht. Denn der Mondwandel gibt das kosmische Vorbild für das wechselweise Vergleichen von Himmel und Erde, um sie ›zu Bedeutungen zu verknüpfen‹: Der Mond-Januskopf wendet sich mit seinen zwei Gesichtern auf seinem allmonatlichen Wechselweg zwischen Taghimmel und Nachthimmel immer abwechselnd hinauf zum Himmel und herunter zur Erde. Genau dieser Bewegung aber entsprach die rituelle ›Regierungsmethode‹ des Fuxi, wie sie im »Großen Kommentar« zum *Yijing* beschrieben ist:

> *So regierte Fuxi in der Urzeit die Welt: Er wandte sich hinauf und schaute die Bilder am Himmel. Er wandte sich herab und schaute die Verfahrensweisen auf der Erde.*[41]

Mit dieser Methode schuf Fuxi die Acht Trigramme des *Yijing*, die, wie wir im folgenden Kapitel sehen werden, den Wandel des Mondes in acht Phasen darstellen, also den Weg des Himmels sozusagen als die graphische Spur des Nachahmungsrituals formulieren. Die Acht Trigramme bilden dementsprechend einen Zusammenhang aus zwei Grundelementen, der gebrochenen (Yin-) und der ungebrochenen (Yang-) Linie, die die zwei Seiten des Mondes symbolisieren, den Menschenkopf und den Schlangenleib des Fuxi. Diese zwei Grundelemente aber werden im »Großen Kommentar« zum *Yijing* als die ›Zwei Rituale‹ (*eryi*) bezeichnet, d. h. als die Nachahmung der beiden gegensinnigen Bewegungen, die der Mond-Januskopf mit seinen beiden Gesichtern vollführt: Sein dunkles Gesicht blickt auf der Tagseite herunter auf die Erde und wendet sich auf der Nachtseite hinauf in den Himmel. Sein helles Gesicht hingegen blickt auf der Nachtseite herunter auf die Erde und wendet sich auf der Tagseite hinauf in den Himmel.

Dies war das kosmische Vorbild der zueinander komplementären Zwei Rituale, der Urformen des rituellen Verhaltens, des Yin-Rituals und des Yang-Rituals, des Ur-Rituals der Weiblichkeit und des Ur-Rituals der Männlichkeit. Daraus folgt natürlich, daß man sich Fuxi mit seinen zwei Gesichtern als ein zweigeschlechtliches Doppelwesen vorstellen muß, als den Hermaphroditen, der als ganzheitliches Urbild des Menschen die Weiblichkeit und die Männlichkeit gleichermaßen umfaßt.

Der Januskopf insgesamt vollführt also eine Bewegung des *Nickens*, mit der seine beiden Gesichter zugleich die zeitliche Vermittlung zwischen Tag und Nacht und die räumliche zwischen Himmel und Erde darstellen. Die Nachahmung dieses kosmischen Nickens war das Grundritual der Schamanen, durch das sie in Verkehr mit dem Himmel traten und sich in eine spirituelle Einheit mit dem ›Numinosen‹ versetzten: das lateinische Wort *numen*, mit dem die Römer den Willen des Himmels bzw. ihres Himmelsgottes Janus bezeichneten, hat die konkrete Grundbedeutung ›das Nicken‹. Als charakteristische Tanzfigur finden wir die Geste zum Beispiel in den rituellen Tänzen der schamanistischen Indianerkulturen Nordamerikas. In der Spätform des chinesischen Opferkultes war sie noch als eine neunmalige Verneigung mit Stirnaufschlag enthalten, die der kniende Kaiser vor dem Altar mit der Seelentafel des Himmelsgottes vollführte.

## *Die Geschichte des Himmelsopfers*

Der Mythos von Fuxi eröffnet uns den Zugang zu einer schematischen Beschreibung der frühen Entwicklungsgeschichte des Himmelsopfers, die in dem geheiligten »Buch der Riten« (*Liji*) überliefert ist:

> *Mit dem Opfer auf dem Altar vor der Stadt (d. h. mit dem alljährlichen Himmelsopfer) wurde in großem Stil dem Himmel gedankt (vergolten, entsprochen, geantwortet). Das Leitmotiv dabei war, wie die Sonne ihr Gegenstück im Mond findet. Das Königsgeschlecht der Xia opferte seiner Schattenseite. Die Yin (= Shang)-Menschen opferten seiner Lichtseite. Die Zhou-Menschen opferten der Sonne, wie sie am Morgen die Schattenseite erreicht.*[42]

Dieses Zitat formuliert in knappster Form das kosmologische Entwicklungsmuster der Kulturgeschichte des chinesischen Altertums von den Anfängen der legendären Xia-Dynastie zu Beginn des zweiten Jahrtausends v. Chr. bis einschließlich der Zhou-Dynastie, die offiziell bis 222 v. Chr. herrschte. Jeder der drei Entwicklungsschritte bedeutete die rituelle Definition einer Weltperspektive, die einen spezifischen Kulturtypus begründete. Wir wollen uns das Zitat im folgenden etwas genauer ansehen.

Das verwendete Schriftzeichen für ›Opfer‹ (*ji*) ist im Gegensatz zu unserem Verständnis des Begriffes seinem etymologischen Sinn nach nicht mit dem transitiven Vorgang der Übergabe von Opfergaben assoziiert, sondern sein Wort-Laut bedeutet (bei graphischer Modifizierung) zugleich allgemein ›Verbindung, Beziehung, Verkehr‹.[43] Es meint also primär die Herstellung einer *Verbindung* mit dem Himmel, eine symbolische Korrespondenz.

Die ersten beiden Sätze des Zitates besagen, daß die rituelle Nachbildung des Himmels als solche wiederum selbst einem Himmelsphänomen nachgebildet wurde, nämlich dem Mond, der am Nachthimmel als das Gegenstück oder die Widerspiegelung der Sonne erscheint, wie das Ritual auf der Erde symbolisch den Himmel modelliert. Der zweite Satz ist auch in dem konkreten Sinn interpretierbar, daß man bei der Opferzeremonie auf dem Altar des Himmels die Seelentafeln der Sonne und des Mondes einander gegenüber aufstellte.[44]

Der Rest des Zitates beschreibt die Entwicklung des Kultes als einen Dreischritt, dessen drei Schritte den drei archaischen Dynastien Xia, Shang und Zhou zugeordnet werden. Dieser Dreischritt war das kosmische Paradigma der Symbolschöpfung, nach dem der nickende Mondgott Fuxi in Gestalt der Acht Trigramme die Symbolform des Weltganzen schuf. Wie wir im nächsten Kapitel bei der Betrachtung des Yijing-Systems sehen werden, ist die Struktur des Dreischrittes in binärer Form ganz exakt durch das Entwicklungsmuster der Acht Trigramme definiert.

So bedeutete der Dreischritt der Ritualformen die Schaffung einer symbolischen Weltordnung, nämlich der klassischen chinesischen Kultur. Sein kosmisches Vorbild war, wie der Mond durch den Gegensatz seiner Schattenseite (Xia) und seiner Lichtseite (Shang) das Verhältnis von Tag und Nacht formuliert, das im Endeffekt den Erscheinungsmodus der Sonne definiert (Zhou). Das Himmelsbild für diese Definition war die Konjunktion des Mondes mit der Sonne, wobei das Symbol (der Mond) völlig aufgeht in dem, was es bedeuten soll (die Sonne bzw. der Tag-/Nachtwechsel).

Auf diese Weise entspricht der Dreischritt in seiner Struktur einer Formulierung des Weltlaufs durch das Medium des Mondwandels, d. h. dem Entwicklungsmuster eines Mondkalenders. Er bedeutet damit eine urbildliche Darstellung des Erkenntnisprozesses überhaupt und liefert uns praktisch die kosmische Begründung jenes dialektischen Dreischritts von These, Antithese und Synthese, den wir in abstrakter Form aus der Logik HEGELS kennen.

Sicherlich darf man sich die reale Entwicklung der altchinesischen Ritualkultur weder so gradlinig als zeitliche Abfolge noch so starr in der Zuordnung zu den drei Dynastien bzw. Volksstämmen vorstellen, weil »die Xia, Shang und Zhou«, wie PANKENIER schreibt, »viele kulturelle Traditionen sowie bis zu einem gewissen Grad eine gemeinsame Ebene der gesellschaftlichen Entwicklung miteinander teilten.

18 Ost- Mittel- und Westpfeiler vom Eingang einer Grabkammer der Han-Zeit in Yinan, Provinz Shandong. Dargestellt ist ein mythologisches Bild der Weltordnung. Oben Mitte der sechsarmige Mondschütze (Vollmond), unten Mitte der geflügelte Tiger mit offenem Rachen (Schwarzmond), im Zentrum ein geflügelter Schamane in aufsteigender Bewegung. Rechts und links wird der gleiche kosmische Gegensatz in einer Yin-Symbolik (rechts) und einer Yang-Symbolik (links) wiederholt: Rechts oben der geflügelte Tiger mit dickem Bauch als Vollmond, links oben Fuxi und Nügua als die im Vollmond vereinten Mondhälften, links und rechts unten zweimal in kelchförmiger Ausführung das Schriftzeichen ›Berg‹ (*shan*). In dieser Darstellung ist der Nachthimmel oben, der Mondschütze zielt nach unten auf die Sonne.

Tatsächlich überlappten sich die drei zeitlich, wenngleich die Rolle der politischen, wirtschaftlichen und religiösen Dominanz der Reihe nach von den einen auf die anderen überging«[45].

Gleichwohl liefert uns das kosmische Schema des Dreischritts interessante Aufschlüsse über die Eigenarten der drei Kulturtypen, wenn wir es mit den bekannten kulturgeschichtlichen Daten in Beziehung setzen und dabei jeweils von dem leitenden Himmelsbild ausgehen:

**1** Das Leitmotiv der Xia-Kultur war demnach die Schattenseite des Mondes, also das ›Nicken‹ seines schwarzen Gesichtes. Nach diesem Vorbild wandte sich Fuxi in der Nacht hinauf zum Himmel und am Tage herunter zur Erde. Der Himmel erschien dadurch als Nachthimmel, während der Blick in das blendende Licht der Sonne vermieden wurde. Das bestimmende Ordnungsmuster war aus dieser rituellen Weltsicht die durch Mond und Sterne gekennzeichnete Erscheinungsordnung des Nachthimmels, die mit der Senkung des Blickes auf der Tagseite herunterprojeziert wurde auf die Gestalten der Erde.

Dies war die urbildliche Weltperspektive des weiblichen Horizontes. Sie bedeutete eine systematische Assoziation zwischen den Himmelserscheinungen und den irdischen Gestalten. Die Dinge auf der Erde wurden in Analogie zu den Himmelserscheinungen gedeutet und der Himmel in Analogie zu den Dingen. Nicht von ungefähr, scheint es, ist die Astrologie in ihren verschiedenen Formen auch heute noch weltweit eine Vorliebe der Weiblichkeit. Der weibliche Charakter dieses Kulturtyps kommt auch dadurch zum Ausdruck, daß hier nicht von ›Menschen‹, sondern vom ›Königsgeschlecht‹ (*houshi*) die Rede ist. Man könnte den Ausdruck auch mit ›Königinnen‹ wiedergeben. Er bezeichnete aber anscheinend in seiner ursprünglichen Bedeutung nicht so sehr einzelne Personen, sondern eine matrilineare Sippe.

Wir müssen uns diese Sippe als einen Schamanenklan vorstellen. Denn die Xia-Kultur bedeutete die schamanistische ›Verknüpfung von Himmel und Erde zu Bedeutungen‹ in der unmittelbarsten Form. Die Mythologie dieses Kulturtyps hatte als Auslegung des durch den zweigeteilten Mond und die Sterne gekennzeichneten Nachthimmels die Struktur eines Polytheismus, dessen Gestalten durch die Zweiheit von Lichtseite und Schattenseite, Yin und Yang gegliedert waren, wie es eben die zweigeschlechtliche Gestalt des Fuxi mit Menschenkopf und Schlangenkörper darstellt. Solche hermaphroditischen Paarwesen waren es, die in nächtlicher Ekstase zum Himmel hinaufschwebten, um den Mond und die Sterne zu besuchen, und sich mit dem Tagesanbruch wieder herunter auf die sonnenbeschienene Erde begaben. Wie aus dem »Buch der Dokumente« hervorgeht, bezeichnete der Ausdruck *hou* in *houshi* (›Königssippe‹) die zwischen Himmel und Erde verkehrenden göttlichen Wesen (s. Kap. III, S. 139 ff.).

Dies weist auf ein paariges oder sexuelles Menschenbild und orgiastische Formen der Ekstasetechnik bei den Ritualen hin. Es handelt sich hierbei um die erste und ehrwürdigste Kulturform, in der die Verbindung zwischen Himmel und Erde und die Identifizierung mit den Gottheiten noch eine unmittelbare und sinnliche Erfahrung bildete.

Realiter bedeutete dies eine rituelle Gesellschaftsordnung, die sich ganz an der lunaren Erscheinungsstruktur des Nachthimmels orientierte. Die lunare Ausrichtung des Himmelskultes in der Frühzeit bezeugt u. a. die schon erwähnte Keramik aus dem dritten Jahrtausend v. Chr. (Abb.15). Für die Form des Opfers bedingte dies, daß man die Opfergaben nicht verbrannte, sondern in der Erde *vergrub* oder im Wasser versenkte. »Dem Mond opferten sie in einer Grube«, heißt es im »Buch der Riten«[46]; denn das dunkle Erdinnere entsprach dem Nachthimmel. Indem man die Toten in die Erde vergrub, versetzte man ihre Seelen als Sterne an den Himmel.

Die wechselweise Projektion zwischen den Himmelsbildern des Mondes und den irdischen Gestalten bedingte bildhafte Formen der Darstellung, in denen die Weltordnung des Mythos formuliert wurde. Aus der Zeit der Xia gibt es keine überlieferten Bilder, aber das Dekor der Bronzegefäße aus der Shang-Zeit zeugt von der Existenz einer dann bereits existierenden, hochentwickelten und durchstilisierten Bildsymbolik, mit der diese Bronzen als mythische Weltmodelle gestaltet wurden. Das Gefäß als solches ist mit seiner hohlen und dunklen Innenseite und seiner gewölbten und hellen Außenseite als eine mythische Verkleidung des kosmischen Weltsymbols Mond zu verstehen.

**2** Die Shang-Leute kultivierten demgegenüber das entgegengesetzte Verhaltensmuster, das Ur-Ritual der Lichtseite: Sie folgten dem hellen Gesicht des Januskopfes, das sich auf der Tagseite hinauf zum Himmel wendet und auf der Nachtseite herunter auf die Erde. Dies war der ›harte‹, der männliche Weg des Nickens, mit dem das Auge der Blendung durch die Sonne ausgesetzt wurde. Die Blendung bedeutete eine Grenze für die Unmittelbarkeit des Verkehrs mit dem Himmel, die nun eine Vermittlung, eine symbolische Substitution erforderte.

Der Himmel wurde aus dieser Weltperspektive als Taghimmel definiert. Die Sonne, das strahlende Zentrum des Taghimmels, war die Residenz des höchsten Gottes Shangdi, des ›Kaisers in der Höhe‹, der die Welt beherrschte. Dieser schickte in der Nacht, wo die Lichtseite des Mondes sich herabwendet, seine Sendboten herunter auf die Erde, nämlich das Mondlicht, das in seinen bizarren Gestaltbildungen die Geister der Toten erscheinen ließ. Hier teilte man ihnen die Wünsche mit, die sie dem Himmelskaiser vortragen sollten, wenn sie auf der Tagseite bei ihm vorsprechen würden. Das geschah allmonatlich, indem sich die Lichtseite des abnehmenden Mondes wieder hinaufwandte zum Himmel und schließlich in der Konjunktion vom Sonnengott empfangen wurde.

Dieser Vorgang wurde ritualisiert durch das Brandopfer und die pyrotechnischen Formen des Knochen- und Panzerorakels. Der Knochen stellte den Mond dar, der mit einer Frage beauftragt wurde, die der Himmelskaiser beantwortete, indem er durch die Hitze des symbolischen Sonnenfeuers bestimmte Risse im Knochen erzeugte. Zum Anzünden der Scheiterhaufen beim Opfer wurde in der Tat nur Feuer verwendet, das man durch einen Brennspiegel aus Sonnenlicht gewann.[47]

Das Orakel war eine rituelle Form der Voraussage, der ›Prädikation‹. Denn diese war im Urbild der Lichtseite begründet, dem Vollmond, der nach Größe, Gestalt und Erscheinungsbahn ein vollkommenes Ebenbild der Sonne und ihrer Tagesbahn darstellt. Die Nachtvorstellung des Vollmondes war das himmlische Urbild des ›inneren Lichtes‹, der kognitiven Vorstellung, des Gedankens, in dessen Gegenwart sich zugleich die Sonne von gestern und die Sonne von morgen, die Vergangenheit und die Zukunft widerspiegeln.

Zudem *deutet* die Lichtseite des Mondes naturgemäß immer auf die Sonne, die er damit im konkretesten Sinn ›bedeutet‹. Indem er dann abnehmend in den Taghimmel hinauf wandert, folgt er immer dieser Bedeutungsrichtung, bis er schließlich in der Konjunktion wirklich auf die Sonne *trifft*. Damit stellt der Mond außerdem noch dar, wie die Voraussage, die Vorstellung oder der Gedanke wirklich ›ein-trifft‹ oder ›zu-trifft‹. Dies nannten sie *zhongri*, ›das Zielen auf die Sonne‹, und es gab ein entsprechendes Ritual des Bogenschießens, bei dem man in den Himmel schoß. Dasselbe Urbild liegt auch dem uralten Mythos vom Schützen im Tierkreis zugrunde, der mit jedem Mondumlauf des Jahres eine Sonne, d. h. eines der zwölf Tiere des Tierkreises erlegt (Abb. 19).

19 Der Mondschütze zielt auf ein Tier des Tierkreises, das aus den Schluchten des Weltenberges hervortritt. Der Vollmond (oben links) und die Schwarzmond-Sonne (oben rechts, mit dem noch zu erkennenden Sonnenraben darin) deuten die kosmische Grundlage der Vorstellung an. Aus einer Bildrolle des 4. Jh. n. Chr.

Das Knochenorakel war sozusagen eine experimentelle Methode, um festzustellen, ob eine - versuchsweise in Frageform gemachte - Voraussage zutraf, d. h. ob sie dem Weg des Himmels entsprach, dessen Voraussagen ja immer, d. h. allmonatlich zutrafen - wenn wir einmal vom Fall einer Sonnenfinsternis absehen. Der Himmelskaiser entschied dies mit Ja oder Nein durch die Art der Risse, die er auf dem Knochen oder Schildkrötenpanzer entstehen ließ. Nur der König durfte die Risse deuten, da Shangdi der Gottahne und Hausgott der Herrscherfamilie war.[48]

Nach dem Orakel wurden dem Riß auf dem Knochen eingeritzte Schriftzeichen hinzugefügt, die den Monat, den Tag, den Namen des beauftragten Ahnengeistes, und vor allem die Frage dokumentierten, die man dem Himmel gestellt hatte. Aus diesem Verfahren entwickelte sich, wie schon gesagt, das Grundschema der schriftsprachlichen Aussage. Die Ausdrucksform der Shang-Kultur war auf diese Weise im Verhältnis zur Xia-Kultur nicht bildhaft, sondern graphisch oder zeichenhaft. Der Kristallisationskern ihrer Zeichenkompositionen waren die zufällig entstandenen Risse, die sie als Botschaften des Himmels verstanden.

Auch dieser Kulturtypus folgte dem kosmischen Vorbild des Mondes. Gerade aufgrund der Natur dieses Vorbildes aber wurde die Erscheinung des Mondes selbst hier ausgespart. Der Adressat des Kultes war kein doppelgesichtiger Mondgott, sondern der eine Sonnengott. CHANG TSUNG-TUNG (ZHANG ZONGDONG) hat festgestellt, daß es in den Orakelinschriften der Shang auf einen ausdrücklichen Mondkult keine Hinweise gibt, vermutet jedoch mit Recht, dies sei in der vorausgehenden Xia-Kultur der Fall gewesen.[49]

Der Mond und die Sterne waren dennoch präsent - in der mythologischen Verkleidung der Ahnengeister, die den Himmelskaiser besuchen sollten, oder in der symbolischen Form des Opfertieres bzw. des Orakelknochens, die als rituelles Medium der Kommunikation mit ihm dienten. Und die zweigeteilte Natur des Mondes stellte sich dar in der ambivalenten Struktur der Ja-Nein-Frage, mit der man das Orakel bzw. die Ahnengeister beauftragte, die ja ebenfalls in einer Doppelform (*gui-shen*) existierten. Ferner war der Mond in der

Person des Orakelmeisters repräsentiert, der das Ergebnis dem König, der irdischen Entsprechung des Sonnengottes, zur Deutung vorlegte. »Das Tandem aus König und Orakelmeister«, schreibt LAGERWEY »ist genau dasselbe Tandem, das durch die ganze chinesische Geschichte hindurch operiert: der Kaiser und sein ›Ratgeber‹.«[50]

Wie KUHN bemerkt, war in der Shang-Zeit »die Herrschaft nicht mehr nach matrilinearen und noch nicht nach rein patrilinearen Vorstellungen ausgerichtet«.[51] Kosmisch bedeutet dies, daß man sich bereits vorrangig auf den Sonnengott bezog, wobei aber die mythische Weltordnung, d. h. das Medium dieses Bezuges, noch lunar strukturiert war. Dem entspricht der patriarchale Religionstyp mit einem Pantheon von Gottheiten beiderlei Geschlechts, die von einem einzigen männlichen Hauptgott beherrscht werden. Wenn wir die lunare Ambivalenz, die sich in der Ja-Nein-Frage des Orakels darstellt, als die Alternative der zwei Geschlechter sehen, so bedeutet die Antwort des Sonnengottes die Entscheidung zwischen Männlichkeit und Weiblichkeit. Dem entspricht dann ein urbildlich maskulines Menschenbild, das sich nicht mehr am hermaphroditischen Paarwesen orientiert, sondern am Individuum, aber in seiner geschlechtlichen Ausprägung als Mann *oder* Frau – wobei die Männlichkeit als das ›Ja‹ (Yang) des Gottes den höheren Rang hatte.

3 »Die Zhou«, soll KONFUZIUS gesagt haben, »hatten den Überblick über beide vorausgehenden Dynastien. Was für ein überreiches Schrifttum! Ich folge den Zhou«[52]. In der Tat muß man wohl die frühe oder Westliche Zhou-Dynastie (ca. 1050-770 v. Chr.) als die kreativste Kulturblüte der chinesischen Geschichte betrachten. Wie der zitierte Spruch von KONFUZIUS andeutet, war diese Blüte jedoch nicht als ein unabhängiger Neuanfang zu verstehen, sondern als eine Synthese der beiden vorausgehenden Traditionen in einer neuen Dimension. Die weibliche Form der Xia und die männliche Form der Shang vereinigten sich sozusagen zum Orgasmus der Zhou-Kultur, aus dem das Kind der konfuzianischen Aufklärung hervorging.

Das Himmelsbild dieser Vereinigung war ›die Sonne, wie sie am Morgen die Schattenseite erreicht‹, d. h. die Konjunktion von Sonne und Mond. Diese ist allmonatlich zu beobachten, wenn der Altmond, der bis auf eine hauchdünne Sichel nur noch seine Schattenseite zeigt, bei Tagesanbruch im blendenden Licht der Sonne verschwindet. Das Schriftzeichen für ›Morgen‹ (*zhao* 朝) ist offenbar selbst nach dem Himmelsbild der Konjunktion gebildet: Es besteht rechts aus ›Mond‹ (der Mond verschwindet von rechts in der Sonne) und links aus einer ›Sonne‹, die man zwischen zwei senkrecht übereinander stehenden Kreuzchen sieht, was offenbar die zentrale Übereinstimmung der beiden Gestirne in der Konjunktion ausdrücken sollte. Das Zeichen hat auch die Bedeutung ›einen Fürsten besuchen, Audienz‹: Der Mond ›besucht‹ die Sonne, d. h. die Residenz des Himmelskaisers.

Die Konjunktion von Sonne und Mond bedeutete die Mitte und Einheit des Himmels, in der sich alle seine Gegensätze aufheben bzw. konzentrieren. Man glaubte, daß dabei auch das vom ›Mondgefäß‹ aus dem Nachtmeer heraufgeschöpfte Licht der Sterne in Gestalt des Sonnenlichtes erstrahlt, also alle drei ›Göttlichen Lichter‹ darin enthalten waren. Schließlich war der Mond ja auch immer drei Tage lang in der Konjunk-

20 Bi-Scheibe aus gelber Jade, Symbol der Konjunktion von Sonne und Mond und der Einheit des Himmels: die gelbe Sonnenscheibe, in ihrer Mitte die Höhlung des Schwarzmondes, und die Punkte als Repräsentation der Sterne. Der Aufsatz stellt Yin und Yang als Tiger und Drache dar.

tion verschwunden, ehe er wieder auftauchte. Dieses Himmelsbild wurde in einem allerheiligsten Symbol aus Jade dargestellt, dem sogenannten Bi, dem der Kaiser am Tag des Himmelsopfers vor dem Beginn aller weiteren Zeremonien mit dreimaligem Stirnaufschlag seine Verehrung erwies (Abb. 20).

Das klassische Zeugnis und die systematische Darstellung der Zhou-zeitlichen Synthese war das »Buch der Wandlungen«. Wie wir im nächsten Kapitel sehen werden, formulierte dieses die bildhafte Dimension des Mondhimmels (Xia) in einem gesetzmäßigen Zusammenhang mit dem graphischen Ausdruck des Sonnenfeuers, wie er beim Knochenorakel erzielt wurde (Shang), und verknüpfte diese zwei Elemente in einer Deutung, die durch schriftsprachliche Aussagen in Form von Orakelsprüchen hinzugefügt wurde (Zhou). Mit dieser Deutung wurden die beiden ersten Elemente, das Mond- und das Sonnen-Element, sinngemäß – d. h. über die Brücke der Analogie – in die Dimension der dinglichen Menschenwelt übersetzt.

Die Sprüche sollten aussagen, was das Ergebnis *wirklich* bedeutete. Beim Knochenorakel der Shang hatte man nur die dem Himmel gestellten *Fragen* aufgezeichnet. Die Antwort, mit der die Frage entschieden, d. h. zur Aussage gemacht wurde, bestand in der Form des Risses, der sich durch die Hitze auf dem Knochen bildete. Erst in der Spätzeit der Shang gab es manchmal ein Postskriptum, mit dem in *Aussageform* notiert wurde, was danach wirklich geschah.[53] Dies war die Ursprungsform des eigentlich schriftsprachlichen Textes, die mit dem *Yijing* als eine Kasuistik aller möglichen Fälle systematisch entwickelt wurde, so daß das Medium des Schrifttextes schließlich vom Orakel abgelöst und frei verwendet werden konnte.

Daraus entstand eine blühende Literatur, mit der die beiden vorausgehenden zwei Weltperspektiven noch einmal bewußt in ihrem Zusammenhang reflektiert wurden, indem man sie erstmalig in fortlaufenden, d. h. eigentlich schriftsprachlichen Texten formulierte. Aufgrund der archäologischen Befunde nimmt man an, daß die Produktion solcher Texte etwa seit dem 11. Jh. v. Chr. begann. Der mündlich in Form von Gesängen und durch Bilddokumente überlieferte

Mythenschatz, in dem zugleich das herrschende Geschichtsbild formuliert war, konnte nun schriftlich dargestellt werden. Dies bedeutete die Verschriftung des gesamten Wissensstandes der Zeit. Gleichzeitig wurde damit die Begrifflichkeit der Schriftformen weiterentwickelt und bis zu jener Vollkommenheit differenziert, die wir im »Buch der Lieder« und im »Buch der Dokumente« bewundern können.

»Der Gegensatz zwischen der partikularistischen und opportunistischen Herangehensweise an fundamentale spirituelle Themen in der Orakeltheologie der Shang«, schreibt PANKENIER, »und der einbeziehenden, ja ganzheitlichen Haltung, die sich in den frühesten Dokumenten der Westlichen Zhou ausdrückt, ist auffallend«.[54] Die Shang hatten durch ihre Konzentration auf die Technik des Orakels und die Ahnengeister des Herrscherhauses den direkten Bezug zum Himmel - und damit den Auftrag des Himmels - verloren. Die ganzheitliche Zusammenschau der Zhou-Kultur stellte sich daher zunächst als eine Rückbesinnung auf die vorausgehende Tradition der Xia dar[55], wobei man anfangs auch noch das Panzer- und Knochenorakel der Shang weiter betrieb.[56] Die innovative Dimension aber, in der sich die Zhou-Synthese darstellte, war der Schrifttext (*wen*).

Die geheiligten Texte aus dieser Zeit waren daher, wie wir in Kapitel III noch sehen werden, ausgesprochen mythologisch konstruiert, d. h. als symbolische Verkleidungen der lunaren Erscheinungsordnung des Himmels. Sie waren ›Niederschriften‹ in dem wörtlichen Sinn, daß sich in ihnen die ›Schrift des Himmels‹ (*tianwen*) gleichsam ›niederschlug‹. Die Übertragung entspricht damit der Weltperspektive der Xia, aber der Ausdruck der Assoziation war nicht mehr unmittelbar gestisch oder bildhaft, sondern fand im systematisierten Medium der Schriftsprache statt, dessen Grundformen von den Shang entwickelt worden waren. Man könnte auch sagen: Die charakteristische Form des Rituals, in der sich die Kultur der Zhou artikulierte, war eigentlich der Akt des Schreibens.

Dies entspricht auch der Form des Opferkultes bei den Zhou, in dem die Mächte des Himmels allein durch beschriftete Holztafeln dargestellt wurden. Vor der Schriftschöpfung bediente man sich dazu zweifellos bildhafter Fetische von der Art der schon erwähnten Bi-Scheibe aus Jade. Da der Opferkult des späteren chinesischen Kaiserreiches sich bis in die Neuzeit hinein an der Tradition der Zhou orientierte, läßt sich hier von den Details des Rituals ein sehr viel besseres Bild gewinnen als von den früheren Formen. Wir werden dies in den folgenden zwei Abschnitten dieses Kapitels bei der Betrachtung des Staatskultes der Qing-Dynastie sehen.

Für die kulturgeschichtliche Entwicklung ist aber natürlich noch von Interesse, wie sich die Trennung von Himmel und Erde, die zur konfuzianischen Aufklärung führende Entmythologisierungsbewegung, in der kosmischen Dimension der Ritualkultur darstellte. Diese Bewegung nahm anscheinend gegen Ende der Westlichen Zhou-Dynastie eine programmatische Form an. In dem schon zitierten Buch *Guoyu* wird berichtet, daß die Schamanen seit grauer Vorzeit den Verkehr zwischen Himmel und Erde regelten, und daß dafür zwei Kalenderbeamte zuständig waren, die nach ihren Urahnen Chong und Li hießen. Dieses Amt wurde, wie es dort weiter heißt, unter dem Zhou-König Xuan (reg. 827-781 v. Chr.) abgeschafft. Stattdessen verehrte man Chong und Li nun als Gottheiten, »um dem Volk zu demonstrieren, daß Chong den Himmel oben befestigt und Li die Erde unten«. Daraufhin »waren Himmel und Erde festgelegt und es gab keine Änderung mehr«[57].

Kosmologisch bedeutete dies eine Abkehr von der lunaren Orientierung, wie sie im schamanistischen Zeitalter bestand; denn der Mondwandel war ja das himmlische Vorbild des Verkehrs zwischen Himmel und Erde. Das kosmologische Schwergewicht verschob sich mit der Trennung von Himmel und Erde nun zu einer solaren Weltsicht. Das leitende Himmelsbild der Zhou, die Konjunktion von Sonne und Mond, bei der der Mond schließlich völlig in der Sonne verschwindet, wurde damit gleichsam zu Ende gedacht.

Da der zweigeteilte Mond das kosmische Vorbild für die Dualität der Geschlechter und das ›Verkehren‹ derselben war, entsprach diesem Entwicklungsschritt ein entsexualisiertes Menschenbild, mit dem das Individuum im Sinn des allgemeinen Begriffes ›Mensch‹ definiert wurde. Dies ist der kosmische Hintergrund des konfuzianischen Humanismus, dessen Moralität im Gegensatz zur taoistischen Tradition auch eine Tendenz zum Sexualtabu aufweist.

Andererseits war das hohe Altertum als die Ursprungsepoche der heiligen Bücher gerade für die schriftgläubigen Konfuzianer eine Autorität, auf die nicht verzichtet werden konnte. Daraus ergab sich für die konfuzianischen Gelehrten die nicht geringe Schwierigkeit, das lunare Grundmuster in den überlieferten Texten wegzuinterpretieren. Insofern dort von Lichtseite und Schattenseite die Rede war, wurde dies nun nach Möglichkeit nicht mehr auf die zwei Mondgesichter bezogen, sondern auf Tag und Nacht (zeitlich) oder Himmel und Erde (räumlich). In dieser entmythologisierten, d. h. ›entmondeten‹ Deutung versteht sich dann unser obiges Zitat aus dem »Buch der Riten«, einem Kommentar aus der Tang-Zeit zufolge, in der folgenden Lesart:

> *Die Fürsten der Xia-Dynastie brachten das Opfer in der Nacht dar. Die Yin-Leute brachten das Opfer am Mittag dar. Die Zhou-Leute opferten der Sonne von morgens bis zur Dunkelheit.*[58]

Nun ist freilich andererseits überliefert, daß die Zhou nicht von morgens bis abends opferten, sondern damit vor Tagesanbruch begannen, so daß die Zeremonie bei Sonnenaufgang ihren Höhepunkt erreichte. Der Tang-Kommentar entzieht sich dem Dilemma dieses Widerspruchs, indem er – unter gewaltsamer Ausklammerung des lunaren Konjunktionsmotivs – einfach beide Deutungen gelten läßt:

> *Zhao bedeutet die Zeit des Sonnenaufganges. Die Zhou-Leute vollbrachten ihr großes Werk (= das Himmelsopfer) bei Sonnenaufgang. Insofern es auch dies bedeutet, betrifft es die Opfer auf dem Altar vor der Stadt. ›Von morgens bis zur Dunkelheit‹ aber heißt: Sie waren den ganzen Tag tätig.*

Auch diese Interpretation ist freilich nicht nur als eine philologische Verrenkung zu verstehen, sondern umschreibt die urbildliche Dimension, die dem Weg des Menschen in seiner Trennung vom Himmel zugrunde liegt, nämlich die Welt der profanen, der alltäglichen Dinge, die im Licht der Sonne erscheinen, welche zugleich die lunaren Bilder des Himmels verbirgt: die urbildliche Welt des objektiven Bewußtseins, in dem die subjektive Welt ausgeklammert, zum ›Unbewußten‹ geworden ist.

Rituell kommt diese Entwicklung auch darin zum Ausdruck, daß man in den späteren Formen des Kultes das Himmelsopfer ohne jede Berücksichtigung des Mondstandes nur noch genau am Tag der Wintersonnenwende zelebrierte. Überhaupt verlor das Opferritual, das ja gerade als ein Verfahren der symbolischen Verbindung mit dem Himmel entstanden war, mit der programmatischen Trennung von Himmel und Erde seinen ursprünglichen Sinn. In der Zeit der Streitenden Reiche, auf dem Höhepunkt der Aufklärungsbewegung, gab es offenbar eine regelrechte Diskussion darüber, ob man es nicht ganz abschaffen sollte. Vor allem aber wurde es nun in bezug auf seine praktische, d. h. pädagogische Funktion für die Aufrechterhaltung der Ordnung in der Menschenwelt interpretiert. So lesen wir im Buch *Guoyu*:

> *Das Opfer ist das, wodurch man seine kindliche Pietät zeigen und dem Volk Frieden, dem Land Ruhe und den Menschen Beständigkeit geben kann. Man kann es nicht abschaffen. Denn wenn den Begierden der Menschen freier Lauf gelassen wird, gibt es eine Stockung; mit solch einer Stockung kommt die Vergeudung; und wenn diese Vergeudung sich lange fortsetzt, gedeiht das Leben nicht, so daß es keinen Gehorsam gibt.*[59]

Der konfuzianische Philosoph XUNZI (3. Jh. v. Chr.) beschrieb die aufgeklärte Haltung der gebildeten Oberschicht seiner Zeit einmal wie folgt: »Unter den Edlen sieht man es als eine menschliche Praxis; unter gewöhnlichen Menschen hält man es für einen Dienst an den Geistern.«[60]

In der Han-Zeit (206 v. - 220 n. Chr.) gab es jedoch wieder eine gewisse Renaissance des magisch-kosmologischen Denkens der Frühzeit und ein Aufblühen taoistischer Mystik, was auch die konfuzianische Staatsphilosophie beeinflußte. Überhaupt muß betont werden, daß sich in China keine der zwei Hauptströmungen jemals in so ausschließlicher Weise durchsetzte, wie es etwa in Europa mit dem Siegeszug des Christentums geschah. Typisch ist vielmehr die traditionelle Volksmeinung, daß die konfuzianische Philosophie für die Jugendzeit und die Staatsmoral, der Taoismus hingegen für das reifere Alter und das Privatleben geeignet sei.

Die weitere kulturgeschichtliche Entwicklung in China ist viel zu komplex und verschlungen, um sie hier auch nur andeuten zu können. Die Tradition des Himmelsopfers jedoch lebte im Staatskult des Kaiserreiches mit einer grundsätzlichen Orientierung am Ritual der Zhou mehr als zweitausend Jahre lang als ein traditionalistisches Reservat hocharchaischer Elemente weiter. Dabei hat sich die Institution als äußerst zweckmäßig erwiesen. Die kultische Hofhaltung des Kaisers bildete einen sakralen Bereich, mit dem der Sohn des Himmels den Himmel in symbolischer Form für das Volk repräsentierte. Indem der Kaiser dem Himmel opferte, bewirkte er auf magische Weise, daß das Volk diesem Ersatzhimmel, nämlich ihm selbst und seinem Hofstaat, ebenfalls die Opfer brachte, die er in Form von Abgaben und Dienstleistungen haben wollte. Als Gegenleistung regelte er das Verhältnis zum wirklichen Himmel dahingehend, daß es keine Überschwemmungen und Dürrekatastrophen gab.

Wie wir in den folgenden beiden Abschnitten sehen werden, kann man den ursprünglichen Geist der alten Himmelsreligion auch in den späten, dafür aber detailliert überlieferten Formen des Kultes noch deutlich nachvollziehen.

## *Der Staatskult der Qing-Dynastie*

Das chinesische Kaiserreich ist der historisch einzigartige Fall einer archaischen Ritualkultur, deren Institutionen offiziell bis ins 20. Jh. hinein – bis zum Ende der Monarchie im Jahr 1912 – erhalten geblieben sind. In ihrem Mittelpunkt standen die alljährlichen großen Opferzeremonien für den Himmel und für die Erde. Die geschichtliche Endfassung dieses monumentalen Staatskultes in den letzten Jahrhunderten vor seiner Abschaffung geht im wesentlichen auf die Ming-Dynastie (1368-1644) zurück[61] und wurde 1757 im Ritenkodex der letzten, der Qing-Dynastie (1644-1912), festgelegt.[62] Tatsächlich setzte er sich jedoch großenteils aus sehr viel älteren Ritualformen zusammen, da er bewußt nach dem Vorbild der Zhou-Dynastie gestaltet worden ist, soweit dieses in den klassischen Bücher überliefert war. Die folgende Betrachtung des Staatskultes der Qing stützt sich vor allem auf die umfassende Darstellung von J. J. M. DE GROOT.[63]

Schon die geographische Plazierung der Kultstätten war darauf angelegt, systematisch die raum-zeitliche Ordnung des Kosmos zu repräsentieren. Der Opferaltar des Himmels (*Tiantan*) befand sich im Süden der Hauptstadt, der Opferaltar der Erde (*Ditan*) im Norden. Denn der Himmel wurde dem Lichtelement Yang zugeordnet, das den Süden bedeutet, weil dort die Sonne und der Mond zu sehen sind. Die Erde hingegen entsprach der Schattenseite Yin, die naturgemäß dem dunklen Norden zugeordnet wurde, wo die großen Himmelslichter niemals erscheinen. Auch für Sonne und Mond gab es zwei Altäre, die im Osten und Westen der Hauptstadt lagen. Dies wurde gemäß dem Ritenbuch *Liji* damit begründet, daß die Sonne morgens im Osten aufgeht, während der Mond (nach seinem allmonatlichen Verschwinden) am westlichen Abendhimmel wieder erscheint.[64]

Dieser kreuzförmigen Anordnung der wichtigsten Opferstätten entsprach die zeitliche Folge der Opfer, die dem Jahreslauf angepaßt war. Das große Himmelsopfer fand am Tag der Wintersonnenwende statt, das große Erdopfer am Tag der Sommersonnenwende. Der Zeitpunkt für das Opfer an die Sonne war die Tag-Nachtgleiche im Frühling, der des Mondopfers diejenige im Herbst.

Es ist ohne weiteres verständlich, daß man den morgendlichen Aufgang der Sonne mit dem Frühling in Beziehung setzte und das abendliche Erscheinen des Mondes mit dem Herbst. Keineswegs einleuchtend erscheint es jedoch, wenn dem Himmel, der das lichte und warme Yang repräsentiert, nicht der Sommer, sondern der Winter zugeordnet wurde, während man ebenso widersprüchlich die dunkle und kalte

Yin-Kraft der Erde nicht im Winter, sondern im Sommer zu feiern pflegte.

21 Das Taiji-Symbol

Der vermeintliche Widerspruch zeigt uns, wie die ganze Anlage des Opferkultes primär nicht nach dem solaren, sondern nach dem lunaren Erscheinungsplan des Himmels gestaltet war. Das mit dem Ritual unmittelbar nachgeahmte Vorbild für die *symbolische Darstellung* von Yang und Yin, Licht und Dunkel, Himmel und Erde, waren die Erscheinungen der zwei Gesichter des Mondes. Der Mond aber hat die natürliche Eigenschaft, uns seine Lichtseite gerade dann zu zeigen, wenn er sich als Vollmond in der Mitte des Nachthimmels befindet. Seine Schattenseite hingegen wendet er uns dann zu, wenn er mitten am Taghimmel in Konjunktion mit der Sonne steht, wie man es bei einer Sonnenfinsternis sehen kann. Und der Vollmond hat eben seinen Höchststand mit der längsten Nachtzeit im Winter, während der Schwarzmond mit der Sonne zur Mittsommerzeit kulminiert.

Diese dem Wechsel von Tag und Nacht bzw. Sommer und Winter kontrapunktisch entgegengesetzte Erscheinungsstruktur des Mondwandels nannten sie ›die Umkehrung des Anfänglichen‹ (*fanshi*), die im *Liji* als das Prinzip des Rituals erklärt wird.[65] Sie ist auch die kosmische Grundbedeutung des Begriffes *pingkang*, ›Ausgleich der Extreme‹, der meist mit ›Frieden‹ übersetzt wird (s. S. 149). Ihre graphische Darstellung bildet das bekannte Taiji-Symbol (Abb. 21).

Dieser himmlische ›Ausgleich der Extreme‹ ist es, was hier analog in der Gegensinnigkeit der zeitlichen Anordnung des Himmelsopfers und des Erdopfers im Jahreslauf zum Ausdruck kommt. Es ist die Grundstruktur der Anpassungstechnik an den kosmischen Lauf der Zeit, die das Ritual seinem praktischen Sinn nach ja darstellen sollte. Die simple Logik eben dieser Anpassungstechnik wenden wir zum Beispiel dadurch an, daß wir uns nicht warm anziehen, wenn es im Sommer ohnehin warm ist, sondern im kalten Winter, und umgekehrt die kühle Kleidung nicht im Winter tragen, sondern im heißen Sommer. Das Beispiel ist nicht zufällig gewählt, denn im ›Großen Kommentar‹ zum Buch der Wandlungen wird ein Mythos überliefert, der das besagte Prinzip in der Tat als die Kunst der Bekleidung erklärt:

> *Huangdi, Yao und Shun ließen abwechselnd ihre Untergewänder und ihre Obergewänder (vom Himmel) herabhangen, und dadurch kam die Welt in Ordnung. Das entnahmen sie (den Hexagrammen) Qian und Kun.*[66]

›*Huangdi, Yao* und *Shun*‹ ist hier ursprünglich ein Name der triadischen Himmelsgottheit (Sonne, Mond und Sterne bzw. Jahr, Monat und Tag), wie es auch das ›Herabhangen‹ (*zhui*) sagt, ein Schriftzeichen, das sonst für das Erscheinen der Himmelsbilder verwendet wird. Die konfuzianische Aufklärung machte die Drei zu Heiligen Menschen und Königen des Altertums und interpretierte *Qian* und *Kun* als Himmel und Erde. Wie wir im nächsten Kapitel bei Betrachtung des Yijing-Systems sehen werden, wurden aber ursprünglich mit diesen zwei Orakelzeichen wiederum die Lichtseite und die Schattenseite des Mondes symbolisiert, die der Mythos hier als ›Obergewand‹ und ›Untergewand‹ auslegt.

Es ist charakteristisch für die konfuzianisch geprägte Staatsreligion, daß gerade die betont lunare Ausrichtung des archaischen Himmelskultes in seiner Interpretation verdrängt wurde. Für das spätkonfuzianische Bewußtsein war der Himmel überhaupt bereits weitgehend eine metaphysische Gottheit, die man nicht mehr ohne weiteres mit dem konkreten Erscheinungshimmel gleichsetzte. Dies kommt u. a. darin zum Ausdruck, daß man die Opfer an Sonne und Mond nicht zu den ›großen‹ Opfern rechnete, sondern zu den mittleren. Insgesamt teilte man die Opfer in drei Klassen ein, in große, mittlere und kleine.

Zu den großen Opfern gehörten außer den Opfern an den Himmel und an die Erde die Opfer für die kaiserlichen Ahnen, die zu Beginn jeder Jahreszeit zelebriert wurden, ferner für die Götter des Landes und der Feldfrüchte, die im Früh-

22 Der Kaiser beim Ritual des persönlichen Pflügens. Europäische Darstellung aus dem 18. Jh.

jahr und Herbst stattfanden, sowie, erst in der Zeit der späten Qing-Dynastie, für den Geist des KONFUZIUS. Die Götter des Landes und der Feldfrüchte repräsentierten die zahllosen Regionalkulte der Landbevölkerung und damit die Ganzheit des Reichsgebietes.

Als mittlere Opfer wurden außer den Opfern für Sonne und Mond das Opfer für den Schutzgott des Ackerbaues Shennong eingestuft, nach dessen Verrichtung im Frühjahr das berühmte Ritual des ›persönlichen Pflügens‹ (*gonggeng*) stattfand. Der Kaiser zog mit einem von einem Ochsen gezogenen Pflug höchstpersönlich sechs Furchen in ein geheiligtes Feld. Und danach folgte der ganze Hofstaat der Rangordnung nach seinem Beispiel und pflügte das Feld zu Ende. Dazu wurden hundert alte Bauern aus der Umgebung der Hauptstadt eingeladen, die beim kaiserlichen Pflügen zuschauen durften.

Der Kaiser gab damit den Männern in seinem Reich das Vorbild für den Beginn der Feldbestellung. Aber das Ritual hatte auch eine weibliche Entsprechung, nämlich das Opfer an die Göttin der Seidenraupen (Xiancan), das nicht vom Kaiser, sondern von der Kaiserin durchgeführt wurde. Denn die Seidenraupenzucht galt traditionell als Arbeit der Frauen.

Dabei gehörte es zu der Zeremonie, daß die Kaiserin selbst mit einer kleinen Sichel Maulbeerblätter für die Seidenraupen schnitt.

Mittlere Opfer wurden außerdem noch den Geistern der Kaiser und Könige der früheren Dynastien, den Gottheiten des Himmels (Donner, Wolken, Wind und Regen) und den Gottheiten der Erde (Berge, Meere und Flüsse) sowie dem Planeten Jupiter dargebracht.

Schließlich gab es noch die kleinen Opfer, deren man insgesamt dreißig zählte. Mit ihnen verehrte man Gottheiten wie den Schutzpatron der Medizin, den Gott des Feuers, den Literaturgott Wenwang, verschiedene Geister von Flüssen, Seen und Bergen, den Stadtgott Chenghuang sowie den Polarstern. An diesen kleinen Opfern nahm der Kaiser jedoch nur in besonderen Fällen persönlich teil.

Im Prinzip hatten alle Opfer ihre besonderen Orte in der kosmologischen Anordnung der Kultstätten und ihre bestimmten Zeiten im Jahr, so daß der Opferkult im ganzen den Gesamtplan der Welt mit allen Elementen der Natur und der menschlichen Kultur in einer organischen Einheit repräsentierte. Dies erforderte einen gewaltigen Organisationsapparat, mit dessen Verwaltung ein besonderes ›Ministerium der Riten‹ (*Libu*) beauftragt war. Diesem unterstand zugleich das gesamte Schul- und Prüfungswesen.[67] Systematische Grundlage des Kultes bildete naturgemäß die Ordnung des Kalenders, für die ein eigenes Kalenderamt, *Qintianjian* (›Amt für die kaiserlichen Anweisungen zur Angleichung an den Himmel‹), zuständig war. Die Hauptabteilungen dieses Amtes waren das *Shixianke* (›Abteilung für das Gesetz der Zeit‹) und das *Tianwenke* (›Abteilung für die Zeichen des Himmels‹), also ungefähr das, was wir eine Einteilung des Amtes in Astronomie und Astrologie nennen würden.

## *Die Opferstätte des Himmels*

Die Opferstätte des Himmels (*Tiantan*), die ein Gelände von etwa 2,8 km² umfaßte, war, wie De Groot sagt, »die größte und großartigste, die das Menschentum je der Natur erbaute«. Der holländische Sinologe, dem wir die umfassendste Darstellung des chinesischen Staatskultes verdanken, hatte das kaiserliche Peking Ende des 19. Jh. noch persönlich erlebt. »Große Fichten«, beschrieb er die Atmosphäre dieser einzigartigen Anlage, »Zypressen und andere Baumarten,

23 Grundriß der Opferstätte des Himmels im Süden der Hauptstadt Peking

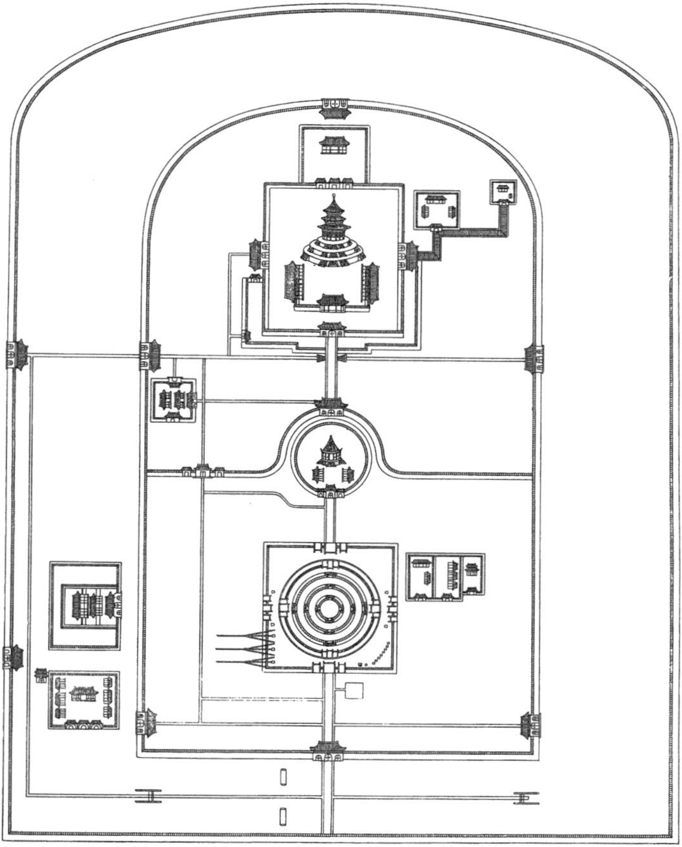

24 Das Opfergelände des Himmels, von der zweiten Terrasse des Runden Hügels aus gesehen.

stellenweise Wäldchen bildend, mit dazwischen liegenden Weidegründen für das Opfervieh, verleihen ihr einen eigenartigen druidischen Charakter und vertiefen den überwältigenden Eindruck, welchen die zahlreichen Gebäude, Tore und Mauern mit ihren sonderbar gestalteten, im Sonnenschein leuchtenden Dächern auf den Besucher ausüben«[68]. Die Zeremonie des Himmelsopfers selbst, die größte und prunkvollste Veranstaltung des chinesischen Staatskultes, hat jedoch kein einziger Ausländer jemals mit eigenen Augen gesehen.

Das Opfergelände des Himmels war von zwei parallel verlaufenden Mauern umgeben. Der Bereich in der inneren Mauer wurde durch eine ostwestlich verlaufende Quermauer in zwei etwa gleich große Teile geteilt, das ›Opfergelände des Runden Hügels‹ (*Yuanqiutan*) im Süden und das ›Opfergelände zum Beten um Körnerfrüchte‹ (*Jigutan*) im Norden. Der Runde Hügel inmitten des Südteils war der Altar, auf dem das große Opferritual am Tag der Wintersonnenwende stattfand. Das zentrale Gebäude im nördlichen Teil hieß ›Tempelhalle zum Beten für das Jahr‹ (*Qiniandian*). Hier wurde das Hauptopfer kurz nach dem chinesischen Frühlingsanfang im Februar dargebracht, um den Himmel um eine gute Ernte zu bitten.

In der Mitte zwischen den beiden Anlagen – also genau im Zentrum des Geländes – erhob sich das ›Erhabene Gewölbe‹ (*Huangqiongyu*), ein prachtvolles rundes Tempelgebäude, in dem der allerheiligste Fetisch des ganzen Kultes aufbewahrt wurde, der ›Seelensitz‹ (*shenwei*) des Himmelsgottes. Es handelte sich um eine hölzerne Tafel auf einem viereckigen Sockel, in welche die Schriftzeichen *huangtian shangdi,* ›erhabener Himmel, oberster Kaiser‹, eingeschnitzt waren. Sie stand im nördlichen Teil des Tempelraumes in einem mit Drachenschnitzerei geschmückten Schrein genau in der Nord-Süd-Achse des Tempels mit der Front nach Süden, links und rechts flankiert von den Seelentafeln der verstorbenen Kaiser des herrschenden Hauses.

Östlich und westlich, gleich neben dem Rundtempel, gab es zwei Nebentempel, in denen die Seelensitze von Sonne (im Osten) und Mond (im Westen) aufgestellt waren. Im Tempel der Sonne standen außerdem noch die Tafeln des Sternbildes Großer Bär, der Fünf Planeten, der Fixsterne und der 28 Sternbilder, der chinesischen Einteilung des Tierkreises. Die Tafel des Mondes wurde flankiert von den Seelensitzen der ›Vier Himmelsgötter‹ (*tianshen*), die ›Meister der Wolken‹ (Yunshi), ›Meister des Regens‹ (Yushi), ›Windgraf‹ (Fengbo) und ›Meister des Donners‹ (Leishi) hießen.

Beim großen Himmelsopfer wurden diese Seelentafeln allesamt, natürlich unter genauer Beachtung ihrer Rangordnung, in kleinen Sänften zum Runden Hügel getragen, auf dem man sie zur Entgegennahme des Opfers aufstellte. Diese feierliche Überbringung hieß ›Einladung der Seelensitze‹.

Nördlich der Tempelhalle zum Beten für das Jahr, im äußersten Norden der ganzen Anlage, befand sich noch ein

25 Das Erhabene Gewölbe im Zentrum der Opferstätte des Himmels

weiterer Kultbau, den sie Huangqiandian, ›Tempel der Erhabenen Lichtseite (*qian*)‹, nannten. Wie schon erwähnt, ist *Qian* der Name des ersten Hexagramms im *Yijing*, dessen kosmische Grundbedeutung die Lichtseite des Mondes war. Dieser Tempel enthielt eine zweite Seelentafel des Himmelskaisers und eine zweite Garnitur kaiserlicher Ahnentafeln, die eine analoge Rolle bei den Opfern in der Tempelhalle zum Beten für das Jahr spielten.

Der ganze Kult drehte sich also praktisch um beschriftete Holztafeln. Die Seelentafeln repräsentierten die Gottheiten und Ahnengeister, die sich ›im Himmel‹ befanden. Dies wurde auf kunstvolle Weise dadurch zum Ausdruck gebracht, daß die Opferstätte im ganzen als symbolische Nachbildung des Himmels gestaltet war:

Zunächst einmal wurde mit der Zweiteilung des Opfergeländes in einen Südteil und einen Nordteil die immerwährende Zweiteilung des Himmels in eine ›Lichtseite‹ (*yang*) und eine ›Schattenseite‹ (*yin*) ausgedrückt. Der südliche Bereich mit dem Runden Hügel stellte den Taghimmel, der nördliche mit der Tempelhalle zum Beten für das Jahr den Nachthimmel dar. Dies geht allein schon aus den Zeitpunkten der Hauptopfer auf diesen Altären hervor: Auf dem Runden Hügel wurde zu Beginn des Sonnenjahres (Wintersonnenwende), in der Tempelhalle zum Beten für das Jahr zu Beginn des chinesischen Mondjahres Anfang Februar geopfert. Ursprünglich fand letzteres Opfer, wie aus einer Stelle im Buch *Yueling* (3. Jh. v. Chr.) hervorgeht, beim ersten Vollmond des Jahres statt.[69]

Ferner drückte man diese Zuordnungen auch durch die ausgeprägte Zahlensymbolik in der Architektur der Kultbauten aus. So ist die Anlage des Runden Hügels ganz auf die Zahlen Drei und Neun aufgebaut. Denn Drei ist die Zahl der ›göttlichen Lichter‹ Sonne, Mond und Sterne, und diese drei bilden mit ihren Erscheinungsbahnen wiederum drei verschiedene zeitliche Ebenen, nämlich die drei Kalenderrhythmen Tag, Monat und Jahr. Darum ist 3 x 3 = 9 die symbolische Zahl für die Einheit und Ganzheit des Himmels. Der Runde Hügel ist dementsprechend in drei kreisrunden, konzentrischen Terrassen aufgebaut. Auf jede Terrasse führen vier genau nach den vier Himmelsrichtungen ausgerichtete Treppen, welche die vier Tageszeiten, die vier Mondphasen und die vier Jahreszeiten repräsentieren. Jede dieser Treppen hat neun Stufen, um ihren himmlischen Charakter auszudrücken. Der heiligste Ort des Runden Hügels aber ist der durch eine kreisrunde Steinplatte markierte Mittelpunkt der obersten Terrasse. Um die Steinplatte herum ist ein Kreis aus neun Platten gelegt, auf den konzentrisch acht weitere Kreise folgen, und zwar so, daß das Zentrum der obersten Terrasse insgesamt von 9 x 9 = 81 Platten umgeben ist.

Dieses Zentrum symbolisiert die Mitte und Einheit des Himmels, in der sich alle seine Gegensätze aufheben bzw. konzentrieren. Man identifizierte es mit dem Himmelsbild der Konjunktion von Sonne und Mond, von der man glaubte, daß dabei auch das vom Mondgefäß aus dem Nachtmeer heraufgeschöpfte Licht der Sterne in Gestalt des Sonnenlichtes erstrahlt, also alle drei göttlichen Lichter beteiligt waren.

So symbolisiert der Runde Hügel mit der Einheit des Himmels zugleich die solare Weltmitte, die Sonne inmitten des Taghimmels, d. h. in der Südhälfte des Opfergeländes. Er stellt in seiner Zahlensymbolik die Yang-Form des Himmels dar, die auf den ungeraden, d. h. dem Yang zugeordneten Zahlen Drei und Neun beruht. Das Erhabene Gewölbe hingegen, der symbolische Wohnort des Himmelsgottes und der kaiserlichen Ahnen, der sich genau in der Mitte zwischen dem Südteil und dem Nordteil befindet, ruht auf einem Kreis von *acht* Säulen. Die Zahl Acht aber entspricht den Acht Trigrammen des *Yijing*, die als eine auf der geraden Zweizahl aufgebaute Formulierung des Mondwandels die zahlensymbolische Yin-Fassung des Himmels bilden. So repräsentiert dieses Gebäude den Mond, der im Gegensatz zur Sonne zwischen Tag- und Nachthimmel hin und her wandert, weshalb der Tempel auf der Grenze zwischen den beiden Bereichen der Opferstätte steht.

Auf diese Weise war die große Opferzeremonie in ihrer ganzen Anlage nichts anderes als eine rituelle Nachbildung der Konjunktion von Sonne und Mond: Der Himmelskaiser und die Ahnengötter, durch ihren Aufenthaltsort im Erhabenen Gewölbe mit dem Mond identifiziert, traten wie dieser ihre Reise in den Taghimmel hinein an, indem sie feierlich nach Süden zum Runden Hügel getragen wurden, der den Sonnenort darstellte. Zudem begann das Ritual frühmorgens, sieben Viertelstunden vor Sonnenaufgang, also zu der Tageszeit, wo die abnehmende Mondsichel zum letzten Mal auf ihrem Weg zur Sonne zu sehen ist, ehe sie bei Tagesanbruch in ihrem Licht verschwindet. Das Sonnenfeuer wurde während der stundenlangen Zeremonie auf dem Runden Hügel, die ihren Höhepunkt mit dem Aufgang der Sonne erreichte, durch die Verbrennung von Weihrauch und Opfergaben dargestellt. Dafür gab es innerhalb der Umfassungsmauer des Runden Hügels, im Südosten, wo die Wintersonne aufgeht, eine Reihe von Verbrennungsöfen. Auch in der Endfassung des Kultes verbrannten sie dabei u. a. noch einen ganzen Ochsen; die Opferung lebender Tiere hatte man jedoch seit der Song-Dynastie eingestellt.

Die Konjunktion von Sonne und Mond bedeutete die Manifestation des Himmels auf der Erde, weil die Gestalten auf der Erde im Sonnenlicht erscheinen. Diese Manifestation fand statt, indem auf dem Runden Hügel die Gottheiten herabstiegen und in ihren Seelensitzen Platz nahmen. Sie antworteten damit auf das, was man ihnen mit dem Ritual signalisiert hatte. Ihr Herabsteigen war die komplementäre Entsprechung dessen, was man in der umgekehrten Richtung durch das Emporlodern der Flammen und das Aufsteigen des Opferrauches darstellte.

Ebenso konsequent wie der südliche Teil der Anlage als Taghimmel erklärt sich der nördliche Teil als symbolische Darstellung des Nachthimmels. Dem Runden Hügel entspricht hier die Tempelhalle zum Beten für das Jahr. Diese symbolisiert den Nachthimmel, der den Jahreslauf durch die zwölfmalige Erscheinung des Mondzyklus darstellt. Darum ruht das dreistufige Dach des Gebäudes auf zwölf Säulen. Da man die Sterne am Nachthimmel als den himmlischen Ursprung der Getreidekörner in der dunklen Erde verstand, hieß die Nordhälfte Opfergelände zum Beten um Körnerfrüchte, also um die Jahresernte. Dem Erhabenen Gewölbe entspricht auf der Nordseite der Tempel der Erhabenen

Lichtseite, d. h. der nächtlichen Erscheinungsform des Mondes, seiner Lichtseite, des Vollmonds, der am Nachthimmel die Sterne ›besucht‹, so wie er am Taghimmel in geschrumpfter Form der Sonne seine Aufwartung macht.

Damit haben wir die wichtigsten Details der Opferstätte des Himmels betrachtet. Jedoch fehlt noch ein wesentliches Strukturmoment, das nur der Blick auf das Ganze der Anlage zeigen kann. Zu diesem Zweck aber müssen wir den Lageplan (Abb. 23) auf den Kopf stellen. Denn im mythischen Weltbild der Zhou war der Taghimmel das ›Oben‹, das die Oberwelt über der Erde bedeutete, der Nachthimmel das ›Unten‹, dem die Unterwelt unter der Erde entsprach: Die Erscheinungsordnung des Himmels war das Vorbild der räumlichen bzw. körperlichen Welt.

Aus dieser Perspektive sehen wir den Südteil als Oberwelt, den Nordteil als Unterwelt, und die waagerechte Trennmauer zwischen ihnen als Erdoberfläche. Die Erdoberfläche ist jedoch nicht durchgängig gerade, sondern bildet in der Mitte eine halbkreisförmige Grube, die das Erhabene Gewölbe umfaßt, die zentrale Repräsentation des Mondes. Ebenso ist die nördliche Mauer des Nordteiles, der Boden der unterirdischen Nachtwelt, im Gegensatz zu den drei anderen Außenmauern nicht gerade, sondern auf ihrer ganzen Länge ebenfalls in Form einer Grube gerundet, deren tiefster Punkt durch den Vollmond in Gestalt des Tempels der Erhabenen Lichtseite markiert wird. Den höchsten Punkt des Weltbildes aber stellt der symbolische Sonnenort in Form des Runden Hügels dar, der sich auf der Südseite über die Erde erhebt.

Damit entsprach die Symbolik der Anlage der berühmten Stelle im »Buch der Riten«, wo es heißt:

> *Der Sonne opferten sie auf einem Hügel. Dem Mond opferten sie in einer Grube. Dadurch unterschieden sie Licht und Dunkel. Dadurch richteten sie Oben und Unten ein.*[70]

# II

# Das Buch der Wandlungen

Das »Buch der Wandlungen« (*Yijing*) ist unbestritten der wichtigste Text der chinesischen Kulturtradition. Wie wohl kaum ein anderes Werk der Weltliteratur genießt es bis heute den besonderen Ruf der Rätselhaftigkeit.

Der einzigartige Charakter dieses Textes springt schon durch sein äußeres Erscheinungsbild ins Auge: Sein Grundgerüst besteht aus 64 sechsteiligen, binär aufgebauten Zeichen, die alle möglichen Kombinationen einer gebrochenen und einer ungebrochenen Linie auf sechs übereinandergeordneten Plätzen darstellen (Abb. 26). An diese *64 Hexagramme* (*gua*) sind dann Zeichen für Zeichen und Linie für Linie chinesische Schriftzeichen (*wen*) angeknüpft, die kurze, scheinbar zusammenhanglose Sprüche (*ci*) bilden.

Was war der ursprüngliche Sinn der 64 Hexagramme? Und worin bestand das methodische Prinzip, nach dem ihnen die Spruchtexte zugeordnet wurden? Diese Fragen gelten in der Sinologie bis heute als ungeklärt. Ihre Ungeklärtheit aber liegt, wie wir in diesem Kapitel sehen werden, keineswegs daran, daß das Yijing-System einer

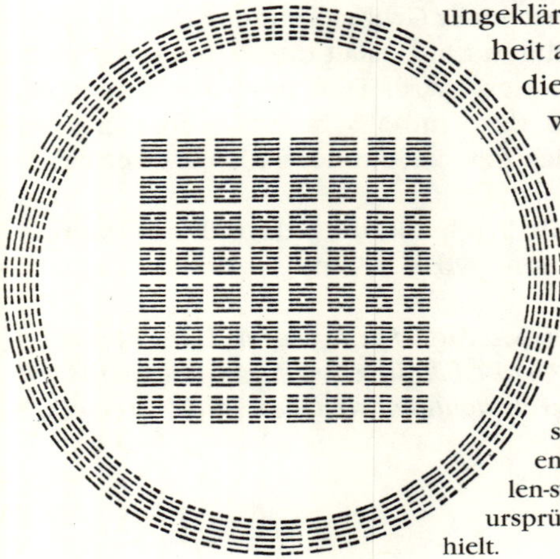

26 Die 64 Hexagramme in der Anordnung des Philosophen SHAO YONG (11. Jh.). In dieser Anordnung entsprechen sie genau dem von LEIBNIZ entwickelten binären Zahlen-system, das dieser für den ursprünglichen Sinn des *Yijing* hielt.

rationalen Grundlage entbehren würde. Sie beruht vielmehr vor allem auf einer ursprünglich zweifellos bewußten, später nur mehr traditionalistisch fortgesetzten Verfälschung dieser Grundlage durch das konfuzianische Gelehrtentum in China selbst. Die Verfälschung bezog sich insbesondere auf den lunaren Charakter des kosmischen Grundmusters, dessen klassische Formulierung das *Yijing* darstellt.

Diese Formulierung ist so fundamental und zugleich so universal, daß wir sie nicht nur im Rahmen der chinesischen Kulturgeschichte, sondern auch in einem zeitlosen und interkulturellen Sinn als klassisch bezeichnen können. Ihre Universalität bringt es mit sich, daß man das *Yijing*, ohne seinen immanenten Sinn zu vergewaltigen, unter wenigstens drei scheinbar völlig heterogenen Aspekten betrachten kann: als Orakelbuch, als Paradigma der Sprachschöpfung und als archaische Evolutionstheorie. Wir wollen uns zunächst diese drei Aspekte vor Augen führen, um dann anschließend den kunstvollen Aufbau des Werkes wenigstens ansatzweise in seiner umfassenden Bedeutsamkeit würdigen zu können.

## *Das Orakelbuch*

Im Westen begann die Diskussion über den Sinn des *Yijing* schon mit LEIBNIZ, der darin eine frühe Form des von ihm entwickelten binären Zahlensystems sah. Mittlerweile hat sich unter den Sinologen immerhin der Konsensus herausgebildet, daß es sich primär um ein Orakelbuch, ein »Handbuch für Wahrsager« handelte.[71] Dies unterliegt in der Tat keinem Zweifel: Das *Yijing* überliefert uns die Formulierung eines Orakelsystems.

Ein sechsteiliges Schema von Zahlensymbolen, das als Vorform der Hexagramme gilt, findet sich schon unter den Inschriften auf Schildkrötenpanzern aus der späten Shang- und der Westlichen Zhou-Dynastie.[72] Die im *Yijing* zugrundegelegte Methode des Schafgarbenorakels hat sich anscheinend mehr oder minder parallel mit dem pyromantischen Verfahren entwickelt. Das Buch selbst ist schwer zu datieren, stammt aber mit Sicherheit aus der Zeit der Westlichen Zhou-Dynastie (1045-770 v. Chr.). Der amerikanische Sinologe E. L. SHAUGHNESSY kommt zu dem Schluß, daß es seine gegenwärtige Form im späten 9. Jh. v. Chr. angenommen hat, wenn auch die ältesten Textschichten noch weiter zurückgehen.[73] Der chinesischen Überlieferung nach waren die Autoren des Buches der Zhou-König Wenwang (›der Schriftkönig‹; um 1050 v. Chr.), dem man die Hauptsprüche zu den Hexagrammen zuschreibt, und sein Sohn Zhougong, der die Sprüche zu den einzelnen Linien verfaßt haben soll. Neben anderen Hinweisen spricht das 1973 von Archäologen in einer Grabstätte aus dem Jahr 168 v. Chr. entdeckte, auf Seide geschriebene Yijing-Manuskript von Mawangdui mit einer anderen Reihenfolge der Hexagramme und seinen vielen Abweichungen vom überlieferten Text dafür, daß in der Zhou-Zeit nicht nur dieser, sondern eine ganze Literaturgattung ›Wandlungsbuch‹ existierte, die jahrhundertelang weiterentwickelt wurde.

Das Yijing-Orakel hatte wie jedes Orakel den praktischen Sinn einer systematischen Entscheidungshilfe. Technisch bestand es in einer Prozedur, bei der man durch das willkürliche Abteilen und Auszählen einer Anzahl von Schafgarbenstengeln eine Reihe von Zufallsentscheidungen herbeiführte. Durch diese wurde das Orakelergebnis als ein primäres und in den meisten Fällen zusätzlich noch als ein sekundäres Hexagramm bestimmt.[74]

Vor der Prozedur wurde das Orakel mit einer Frage betraut. Man fragte nach den Chancen eines bestimmten *Einfalles*, d. h. einer Idee, eines Wunsches oder Planes, den man in einer bestimmten Situation hatte. Man wollte mit Hilfe des Orakelergebnisses herausfinden, ob der Einfall zu *verwirklichen* sei. In den überlieferten Fällen aus dem frühen China fragte man zum Beispiel, ob der König an einem bestimmten Tag auf die Jagd gehen, einen Feind angreifen, ein Opfer bringen sollte, und ähnliches.

Natürlich kann man ein solches Verfahren der Entscheidungsfindung als den primitiven Aberglauben einer ›magisch-religiösen‹ und ›präintellektuellen‹ Epoche abtun, wie es bei modernen Gelehrten bis heute üblich ist.[75] Was aber bedeutete die Entwicklung eines Orakelsystems, wenn man sie als eine konstruktive Problemstellung ernst nimmt, wie es die Schöpfer des Yijing-Orakels zu ihrer Zeit zweifellos getan haben?

Unter dieser Voraussetzung bedeutete sie nichts Geringeres als die außerordentlich anspruchsvolle Aufgabe, den Prozeß der Entscheidung als solchen zu simulieren, d. h. den Weg vom *Einfall* über die *Reflexion* zum *Entschluß*. Damit aber war nichts anderes thematisiert als *der Grundvorgang des Denkens und die Funktion des menschlichen Geistes überhaupt*. Das Orakel sollte, modern ausgedrückt, eine experimentelle Darstellung des Reflexionsprozesses sein.

Die Erfinder des Yijing-Systems standen so zunächst vor derselben theoretischen Grundfrage, vor der heute die Informatiker stehen, wenn sie Maschinen mit einer selbständig denkenden und urteilenden Intelligenz zu bauen versuchen: Wie funktioniert der menschliche Geist?

## *Das Paradigma der Sprachschöpfung*

Nun kann man die Funktion des Geistes – nicht nur des Bewußtseins, wie ich betonen möchte – ganz allgemein als ein *Spiel* definieren, das die Welt in symbolischen Formen widerspiegelt – in Bildern, Zeichen, Worten, Begriffen. Die symbolischen Formen und ihr Spielzusammenhang insgesamt bilden dann das, was wir, im allgemeinsten Sinn des Begriffes, eine *Sprache* nennen. Die Aufgabe, den Entscheidungsprozeß in einem Orakelsystem zu formulieren, bedeutete daher, konsequent gedacht, die Entwicklung der funktionalen Modellform einer lebendigen Sprache.

Der Bedarf für eine solche Modellform im frühen China liegt kulturgeschichtlich auf der Hand; denn dort wurde das umfassendste System von Bildzeichen entwickelt, das es je auf der Erde gab, nämlich die chinesische Ideogrammschrift, die eine echte und selbständige, d. h. von der Lautung grundsätzlich unabhängige *Schrift-Sprache* ist. Man kann sie theoretisch auch lesen und schreiben, ohne einen einzigen ihrer Wort-Laute zu kennen.

Die Entwicklung dieser Bilderschrift bedeutete eine gewaltige Aufgabe, nämlich die Aufgabe einer ursprünglichen Sprachschöpfung in Form von einigen Tausend optischen Wort-Zeichen. Im Prinzip mußte für jeden regelmäßigen Aspekt der menschlichen Existenz ein Bildsymbol erfunden und im Bedeutungszusammenhang des Gesamtsystems definiert werden.

Eine solche Aufgabe konnte nur auf der Grundlage einer methodischen Systematik bewältigt werden. Wie die schon erwähnten Forschungen von VANDERMEERSCH gezeigt haben, entwickelte sich diese Systematik aus der Theorie und Technik des Orakels (s. S. 37f.). Das »Buch der Wandlungen« aber überliefert uns die Systematik der archaischen Orakeltheorie auf ihrer höchsten Entwicklungsstufe. Vielleicht ist es überhaupt weltweit das einzige überlieferte Zeugnis der theoretischen Grundlage einer originären Sprachschöpfung.

Wie wir sehen werden, hat das *Yijing* in der Tat den Charakter eines hochsystematischen sprachtheoretischen Strukturmodells: Das Orakelspiel sollte die elementare Form des Sprachspiels darstellen. Die Zufallsentscheidung des Orakels durch die Prozedur mit den Schafgarbenstengeln repräsentierte dabei offenbar die Funktion des *Einfalles*, die ja in nicht hintergehbarer Weise die ›Initialzündung‹ aller sprachlichen Prozesse und damit die lebendige Seele des Sprachspiels bedeutet. Daß man sich diesen Einfall zugleich als eine Manifestation des Himmels bzw. eine Bekundung der Ahnengeister vorstellte, tut einer grundsätzlichen Rationalität des Gedankens keinen Abbruch; denn tatsächlich ist kein Sterblicher in der Lage, seine eigenen Einfälle selbst zu bestimmen und im voraus zu wissen.

Die Botschaft des Buches und der Schlüssel zu seinem Verständnis liegen wesentlich in der Logik seiner formalen Konstruktion. Wie wir noch sehen werden, bildet diese den Rahmen, in dem seine Inhalte erst ihren Sinn als Bedeutungskategorien gewinnen. Man kann im *Yijing* immer wieder an vielen Stellen beobachten, wie nicht die Sprüche das Orakelzeichen erklären, sondern umgekehrt die Bedeutung der Sprüche und der einzelnen Schriftzeichen in ihnen erst durch den Kontext der Hexagramme definiert werden.

Es ging also unter diesem Aspekt praktisch um die Bildung eines umfassenden Weltmodells aus symbolischen Elementen, das den Funktionsplan von Sprache überhaupt als das grundlegende Paradigma der Sprachschöpfung und Sprachentwicklung formulieren sollte. Das notwendige formallogische Ziel jeder Sprachentwicklung aber ist die *Aussage*, die, wie ihr lateinischer Name *Prae-dikation* sagt, ihrem ursprünglichen Sinn nach *Voraus-sage* bedeutet, d. h. eine Bestimmung, die über den unmittelbar gegenwärtigen Anschein hinaus für eine Zukunft Gültigkeit besitzt. Dem entsprach der praktische Gebrauch des Orakels als ein Mittel der Entscheidung, die ja als solche immer eine Zukunftsperspektive festlegt.

## *Die archaische Evolutionstheorie*

Dem Aufbau des *Yijing* und seinen klassischen Kommentaren läßt sich auch das leitende Prinzip entnehmen, nach dem bei der Konstruktion des Systems vorgegangen wurde. Der Ansatz ist überraschend modern, nämlich von einer Art, die wir heute als *evolutionstheoretisch* bezeichnen würden: Die Konstruktion des Yijing-Systems geht letztendlich von der Zielvorstellung der erfolgreichen Anpassung an die Umwelt aus. Es stellt ein Modell der Umwelt dar, mit dem es als ein Anpassungsmechanismus organisiert wird, der für jede auftretende Konstellation der Umwelt einen Schlüssel in Gestalt einer symbolischen Paßform besitzt.[76]

Merkwürdigerweise ist es daher die moderne Evolutionstheorie, die für uns Heutige den naheliegendsten Brückenschlag zum Verständnis der Zeichenlogik des *Yijing* bildet. Auch in China wurde diese Logik nicht nur auf die kultursprachliche Zeichenschöpfung bezogen, sondern ebenso auf das Zeichensystem der biologischen Evolution, das wir heute als die *Sprache der Gene* bezeichnen würden. Man verstand das *Yijing* in einem durchaus biologischen Sinn praktisch zugleich als eine auf die funktionale Polarität des Männlichen und des Weiblichen gegründete Evolutionstheorie. So werden im »Großen Kommentar« (*Dazhuan*) die Funktionen der mit Männlichkeit und Weiblichkeit identifizierten zwei Grundhexagramme Qian und Kun als ›Wandlung‹ (*yi*) und ›Auslese‹ (*jian*) definiert, was man ebenso wörtlich mit *Mutation* und *Selektion* wiedergeben kann.[77]

Zur Sphäre der Genetik bestand eine intensive Beziehung durch die Verehrung der Ahnengeister, die wir ja als eine mythologische Verkleidung der Gene verstehen können. In frühen Textschichten wird das Orakelspiel auch als die symbolische Darstellung der Bewegungen und Mischungen dieser Geister erklärt, die, wie die zwei Linien der Hexagramme, in einer Yin-Form (*gui*) und einer Yang-Form (*shen*) vorkommen.

Für die außerordentliche Tiefenschärfe dieser archaischen Evolutionstheorie aber spricht deutlicher als alles andere ein Phänomen, das erstmalig im Jahr 1968 von der Tiefenpsychologin Marie-Louise von Franz entdeckt wurde: *Das Grundmuster der 64 Hexagramme im* Yijing *weist eine vollkommene strukturale und numerische Übereinstimmung mit den 64 Nukleotidtripletts der Erbsubstanz DNA auf*. Diese aber bilden die Grundlage des *genetischen Kodes*, der molekularbiologischen Basis allen Lebens auf der Erde.[78]

Diese regelrechte *Isomorphie* zwischen dem Yijing-Kode und dem DNA-Kode bedeutet, daß die Theoriebildung im archaischen China ganz und gar ohne die Hilfe von Elektronenmikroskopen zu einer exakten Modellvorstellung des molekularbiologischen Grund-Kodes aller irdischen Lebewesen geführt hat. Und das kann doch wohl nur möglich sein, wenn die natürliche Entstehung dieser Kode-Struktur von ihrer wirklich maß-geblichen Grundbedingung her verstanden und folgerichtig nach-gedacht worden ist.

Daraus ergibt sich eine hochinteressante interdisziplinäre Perspektive, die der amerikanische Molekularbiologe Gunther S. Stent, als er die Isomorphie im Jahr 1969 eben-

27 Eine Zusammenstellung der 64 Hexagramme des *Yijing* und der 64 Nukleotid-Tripletts der DNA von Martin Schönberger. Die vier Nukleotide sind durch die Buchstaben U, A, G und C bezeichnet. Eine andere Koordination der vier Grundelemente in den beiden Kodes wurde von dem Molekularbiologen Gunther S. Stent vorgeschlagen.

| | | | | | | | | | | | | | | | |
|---|---|---|---|---|---|---|---|---|---|---|---|---|---|---|---|
| UGU | UGC | UGA | UGG | CGU | CGC | CGA | CGG | AGU | AGC | AGA | AGG | GGU | GGC | GGA | GGG |
| 00L000 | 0LL000 | LLL000 | L0L000 | 00L00L | 0LL00L | LLL00L | L0L00L | 00L0LL | 0LL0LL | LLL0LL | L0L0LL | 00L0L0 | 0LL0L0 | LLL0L0 | L0L0L0 |
| Cys | Cys | Stop | Tryp | Arg | Arg | Arg | Arg | Ser | Ser | Arg | Arg | Gly | Gly | Gly | Gly |
| 8 | 24 | 56 | 40 | 9 | 25 | 57 | 41 | 11 | 27 | 59 | 43 | 10 | 26 | 58 | 42 |
| UAU | UAC | UAA | UAG | CAU | CAC | CAA | CAG | AAU | AAC | AAA | AAG | GAU | GAC | GAA | GAG |
| 00LL00 | 0LLL00 | LLLL00 | L0LL00 | 00LL0L | 0LLL0L | LLLL0L | L0LL0L | 00LLLL | 0LLLLL | LLLLLL | L0LLLL | 00LLL0 | 0LLLL0 | LLLLL0 | L0LLL0 |
| Tyr | Tyr | Ochre | Amber | His | His | GluN | GluN | AspN | AspN | Lys | Lys | Asp | Asp | Glu | Glu |
| 12 | 28 | 60 | 44 | 13 | 29 | 61 | 45 | 15 | 31 | 63 | 47 | 14 | 30 | 62 | 46 |
| UCU | UCC | UCA | UCG | CCU | CCC | CCA | CCG | ACU | ACC | ACA | ACG | GCU | GCC | GCA | GCG |
| 000L00 | 0L0L00 | LL0L00 | L00L00 | 000L0L | 0L0L0L | LL0L0L | L00L0L | 000LLL | 0L0LLL | LL0LLL | L00LLL | 000LL0 | 0L0LL0 | LL0LL0 | L00LL0 |
| Ser | Ser | Ser | Ser | Pro | Pro | Pro | Pro | Thr | Thr | Thr | Thr | Ala | Ala | Ala | Ala |
| 4 | 20 | 52 | 36 | 5 | 21 | 53 | 37 | 7 | 23 | 55 | 39 | 6 | 22 | 54 | 38 |
| UUU | UUC | UUA | UUG | CUU | CUC | CUA | CUG | AUU | AUC | AUA | AUG | GUU | GUC | GUA | GUG |
| 000000 | 0L0000 | LL0000 | L00000 | 00000L | 0L000L | LL000L | L0000L | 0000LL | 0L00LL | LL00LL | L000LL | 0000L0 | 0L00L0 | LL00L0 | L000L0 |
| Phe | Phe | Leu | Leu | Leu | Leu | Leu | Leu | Ileu | Ileu | Met | Met | Val | Val | Val | Val |
| 0 | 16 | 48 | 32 | 1 | 17 | 49 | 33 | 3 | 19 | 51 | 35 | 2 | 18 | 50 | 34 |

falls bemerkte, mit folgenden Worten formulierte: »Vielleicht sollte man bei der Erforschung der gegenwärtig noch ungeklärten Ursprünge des genetischen Kodes die umfangreichen Kommentare des *Yijing* zurate ziehen, um Ansätze für die Lösung des Problems zu gewinnen.«[79]

In der Tat bedeutet die Isomorphie, daß die Aussagen der chinesischen Orakeltheorie über die Entwicklung und Konstitution des Hexagrammsystems direkt auf die formale Struktur des genetischen Kodes übertragen werden können.

Das *Yijing* formuliert damit sowohl praktisch als auch sinngemäß seinem eigenen Anspruch nach ein universales Paradigma der Sprachschöpfung oder eine allgemeine und interdisziplinäre Evolutionstheorie, in der das *endogene* Medium der genetischen Steuerung und Reproduktion (genetischer Kode) mit dem *exogenen* Medium der kulturgeschichtlichen Evolution (Sprache und Schrift) auf einen gemeinsamen strukturalen Nenner gebracht ist.

Unter dem Vorzeichen dieses weitgespannten Horizontes wollen wir nun das Yijing-System selber betrachten.

### *Die Bedeutung der zwei Linienformen*

Aufgrund des evolutiven Prinzips der Anpassung an die Umwelt mußte das System vor allem anderen eine Zeichengestalt für die Darstellung der irdischen Umwelt in ihren elementarsten Grundformen enthalten. Maßgeblich für die Entwicklung einer solchen aber war naturgemäß jene fundamentale Dimension, die – ungeachtet ihrer Offensichtlichkeit – dem heutigen, von einer naturfeindlichen Metaphysik geprägten Bewußtsein völlig fremd geworden ist, nämlich die von Sonne und Mond bestimmte Erscheinungsordnung des Himmels. Denn der so verstandene Himmel ist, um es nochmals zu betonen, kein religiöser Glaubensinhalt, sondern die natürliche Umwelt der Erde. Er umhüllt den Erdball räumlich von allen Seiten und bildet zugleich zeitlich durch den Wechsel seiner Erscheinungen die drei Grundrhythmen des irdischen Umweltgeschehens als Tag,

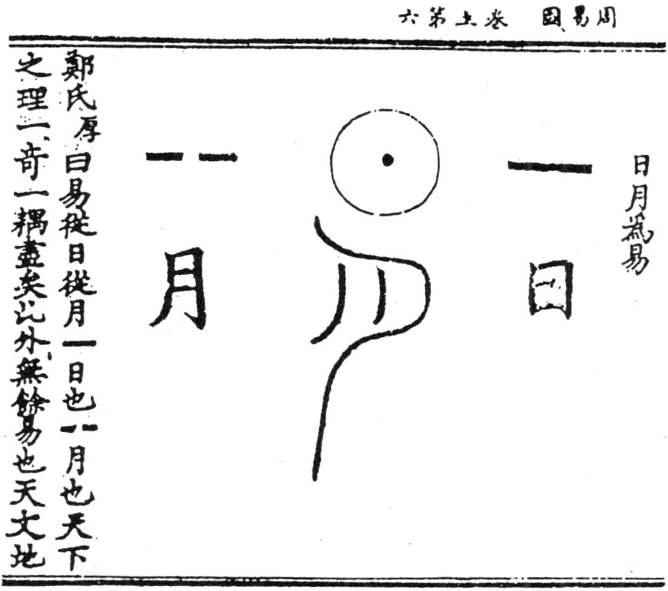


28 Die Zuordnung der zwei Linienformen zu Sonne (rechts) und Mond (links) von ZHENG XIANG (11. Jh.). Das runde Symbol zwischen den zwei Linien bedeutet die Einheit von beiden in der Konjunktion, die Sonnenscheibe mit dem Schwarzmond in der Mitte (s. Abb. 20).

Monat und Jahr, d. h. als die naturgegebene Ordnung des Kalenders.

Auch in der späteren chinesischen Deutungstradition wurden daher Sonne und Mond noch als die ursprünglichen Bedeutungen der zwei Linienformen verstanden, aus denen die Hexagramme bestehen. So schrieb der neokonfuzianische Philosoph ZHENG XIANG in der Song-Zeit (11. Jh. n. Chr.):

> *Die Wandlungen folgen Sonne und Mond. Die ungebrochene Linie entspricht der Sonne, die gebrochene dem Mond. Die Gesetzmäßigkeit der Welt besteht ausschließlich darin, wie diese sich abwechselnd trennen und paa-*

*ren. (So etwas wie) restliche Wandlungen, die darüber hinausgingen, gibt es nicht.*[80]

Aber diese Bedeutung der zwei Linienformen ist in Wahrheit nicht die primäre, sondern leitet sich aus einer noch ursprünglicheren ab. Denn die Erscheinungsordnung des Himmels war nicht nur das grundlegende Thema, das mit dem Yijing-System symbolisch dargestellt wurde, sondern enthielt, wie wir schon bei der Betrachtung des Opferrituals gesehen haben, mit dem Erscheinungswandel des Mondes zugleich die vorbildliche oder bedingende Naturgrundlage für den Vorgang des symbolischen Darstellens selbst.

Der Mond ist das himmlische Vorbild alles Symbolischen, das natürliche Urphänomen des Zeichens. Für das Auge des Kundigen bedeutet er mit seinen wechselnden Erscheinungsbildern vor dem Hintergrund der Fixsternsphäre jederzeit die jeweilige raumzeitliche Konstellation des ganzen Weltgetriebes. Die Bildersprache des Mondes ist der natürliche Ur-Kode, in dem mit dem Wechsel der Tages- und Jahreszeiten der irdische Weltlauf als himmlischer Text formuliert ist. Nicht nur in China wurden deshalb die frühen Kalendersysteme nach dem Ordnungsmuster des Mondwandels entwickelt.[81]

Dabei zeigt oder deutet die Lichtseite des Mondes naturgemäß immer auf die Sonne, d. h. auf die Tagseite des Himmels, *be-deutet* diese also im wörtlichsten Sinne. Und umgekehrt be-deutet die Schattenseite des Mondes ebenso unvermeidlich immer die Nachtseite des Himmels, deren Erscheinungsstruktur wiederum der Mondwandel selbst repräsentiert; denn die zweigeteilte Lichtgestalt des Mondes stellt immer genau dar, in welchem Verhältnis die Nacht jeweils in Mondschein und Dunkelheit aufgeteilt ist.

Von daher sind Sonne und Mond bzw. Tag und Nacht als die urbildlichen Bedeutungsgegenstände oder *Signifikate* der zwei Linienformen zu verstehen. In ihrer Eigenschaft als symbolische Formen oder *Signifikanten* hingegen entsprechen diese dem Urbild der binären Monderscheinung, d. h. der hellen und der dunklen Seite des Mondes. Zur Verdeutlichung: Ein bekanntes Verkehrsschild zum Beispiel hat die signifikantische Bedeutung ›senkrecht nach oben gerichteter Pfeil‹ und die signifikatische Bedeutung ›Abbiegen verboten‹.

Damit ergeben sich zwei verschiedene urbildliche Bedeutungsebenen des Yijing-Kodes, eben eine signifikatische und eine signifikantische, durch deren Beziehung die fundamental reflexive Logik des ganzen Systems begründet ist: *Indem die zwei Signifikanten ihre Signifikate bedeuten, bedeuten sie zugleich dieses Bedeuten selbst als Zeichenfunktion, nämlich das Verhältnis von Signifikant (Erscheinungsstruktur des Mondes) und Signifikat (Erscheinungsstruktur der Sonne).*

An der Betextung der Hexagramme läßt sich aber zeigen, daß für die ursprüngliche Entwicklung und Gestaltung des *Yijing* die signifikantische oder lunare Bedeutung der zwei Linienformen maßgebend war. Die Sprüche der beiden homogenen Grundhexagramme, Nr. 1 Qian und Nr. 2 Kun, die jeweils nur aus sechs ungebrochenen bzw. aus sechs gebrochenen Linien bestehen, umschreiben in ihrer Symbolik nichts anderes als die zwei gegensätzlichen Erscheinungsstrukturen der beiden Mondgesichter.[82]

Ferner erklären sich daraus auch die Gestalten der zwei Linienformen selbst: Die *ungebrochene* Linie stellt die Lichtseite des Mondes dar, weil diese in ihrer Frontalstellung zur Erde als Vollmond *ungebrochen* sichtbar bleibt; und die *gebrochene* Linie stellt die Schattenseite des Mondes dar, weil deren Erscheinung in der Frontalstellung durch die Konjunktion, den allmonatlichen Sonnendurchgang des Mondes, *unterbrochen* wird.

In den klassischen Kommentaren zum *Yijing* werden die zwei Linienformen als ›das Weiche‹ (*rou*) und ›das Harte‹ (*gang*) bezeichnet. Dieses Begriffspaar ist früher belegt als Yin und Yang, nämlich schon in der Westlichen Zhou-Zeit.[83] Wie u. a. aus einer höchst aufschlußreichen Stelle im »Buch der Dokumente« hervorgeht, bezeichnete es ursprünglich die ›weiche‹ Schattenseite und die ›harte‹ Lichtseite des Mondes.[84] Eben dieser kosmischen Grundbedeutung entspricht seine Erklärung im »Großen Kommentar«, der die beiden Begriffe ausdrücklich als Signifikanten definiert: »Hart und Weich sind *die Symbole (xiang)* für Tag und Nacht.«[85]

Die signifikantische oder lunare Urbedeutung der zwei Linienformen ist das grundlegende Strukturmoment des *Yijing*, das auch in der modernen sinologischen Forschung bisher nicht gesehen wurde. In China war sie im Zuge der Entmythologisierungsbewegung schon früh tabuiert worden. Die kosmische Struktur dieses Tabuierungsprozesses entsprach dabei in folgender Weise dem Prinzip der ›Trennung von Himmel und Erde‹:

In der mytho-logischen Verräumlichung des Erscheinungshimmels, die wir im nächsten Kapitel noch genauer betrachten werden, wurde seine Tagseite als Oberwelt, seine Nachtseite als Unterwelt ausgelegt. Diese Übersetzung des zeitlichen Gegensatzes in einen räumlichen machte den Tag zum Himmel (d. h. zu der Welt über der Erdoberfläche), und die Nacht zur Erde (d. h. zu der Welt unter der Erdoberfläche).

Dadurch wurde aus dem Erscheinungsrhythmus der Sonne, der den Tag bestimmt, der ›Weg des Himmels‹ (*tiandao*), und aus dem Erscheinungsrhythmus des Mondes, der die Nacht gestaltet, der ›Weg der Erde‹ (*didao*). Die Synthese oder das Produkt beider aber legte man als den ›Weg der Menschen‹ (*rendao*) aus.

Die räumliche Reihe Himmel – Erde – Mensch(en) entspricht der zeitlichen Reihe Jahr – Monat – Tag, welche wiederum als Ausdruck der drei Himmelserscheinungen Sonne – Mond – Sterne gedacht wurde. »Die durch die Wollust von Sonne und Mond erzeugten Keime«, heißt es in der Textsammlung *Huainanzi*, »das sind die Sterne«[86]. Die mythologische Gleichsetzung von Menschen und Sternen ist u. a. auch im »Buch der Dokumente« belegt (s. Kap. III, S. 131f.).

Für sich genommen aber hatte die räumlich gedachte Dreiheit Himmel – Erde – Menschen nichts Mythologisches mehr an sich und war nicht mehr als Projektion des Erscheinungshimmels zu erkennen. Sie ermöglichte damit die Aufhebung dieses assoziativen Grundbezuges, was eben die mythische Trennung von Himmel und Erde bedeutete. Der Weg des Himmels wurde mit den Begriffen Yin und Yang allein im signifikatischen Sinn als Mond und Sonne bzw. Nacht und Tag ausgelegt. Seine signifikantische Auslegung durch die rein lunare Dimension der beiden Mondaspekte hingegen verschwand mit dem Begriffspaar Weich und Hart in der Materialität der ›Erde‹, aus der sie die körperlichen, in weibliche und männliche gegliederten Gestalten der ›Zehntausend Wesen‹ bildete.[87]

Auf diesem Hintergrund versteht sich die ausführlichste Beschreibung der Konstruktion des Hexagrammsystems, die uns aus klassischer Zeit überliefert ist. Sie findet sich im Kommentar *Shuogua* (»Besprechung der Orakelzeichen«):

> *Als in alter Zeit die Heiligen Menschen die Wandlungen schufen, unternahmen sie es damit, die Gesetzmäßigkeit des Lebens nachzubilden:*
>
> *Sie erstellten den Weg des Himmels, und nannten ihn Schattenseite (*yin*) und Lichtseite (*yang*). Sie erstellten den Weg der Erde, und nannten ihn das Weiche (rou) und das Harte (*gang*). Sie erstellten den Weg des Menschen, und nannten ihn Liebe (*ren*) und Gerechtigkeit (*yi*).*
>
> *Diese drei Elemente hängten sie zusammen und verdoppelten sie. Darum bilden die Wandlungen Orakelzeichen aus sechs Strichelementen. Um Schattenseite und Lichtseite voneinander zu unterscheiden, werden abwechselnd das Weiche und das Harte gebraucht. So bilden die Wandlungen auf sechs Plätzen das Himmelsmuster.*[88]

Der zweite Absatz des Zitates beschreibt den Aufbau der acht dreiteiligen Linienkombinationen oder Trigramme, der dritte deren kombinatorische Verdoppelung zu Hexagrammen. Aufgrund unserer obigen Betrachtungen erkennen wir die Terminologie in ihrem ursprünglichen Sinn als Projektion der Himmelsordnung: Das Begriffspaar Yin-Yang legt den Himmel signifikatisch als Nacht und Tag aus, das Begriffspaar Rou-Gang signifikantisch als Schattenseite und Lichtseite des Mondes. Diese zwei ›Wege‹ sind einander kontrapunktisch entgegengesetzt, d. h. komplementär. Sie stellen eine solare und eine lunare Auslegung der beiden Linienformen dar, ihre Yang- und ihre Yin-Bedeutung. Der ›Weg der Menschen‹ aber, der die Synthese oder den Zusammenhang zwischen den zwei ersten Wegen bedeutet, wird durch das Begriffspaar Ren-Yi, ›Liebe und Gerechtigkeit‹, charakterisiert.

Dieses bedeutet eine moralisierende Verkleidung des Abwechsels von Vereinigung und Trennung, der ja das himmlische Erscheinungsverhältnis von Sonne und Mond kennzeichnet. Wie gesagt wurden die Menschen in Analogie zu den Sternen als die aus diesem Verhältnis entstandenen ›Keime‹ gedacht.

Im letzten Abschnitt des Zitates haben wir dann eine ganz klare Definition der Beziehung zwischen den Signifikaten Yin-Yang und den Signifikanten Rou-Gang: »Um Schattenseite und Lichtseite voneinander zu unterscheiden, werden abwechselnd das Weiche und das Harte gebraucht.« Damit wird das signifikantische System - d. h. das Zeichensystem selbst, das semiotische Subjekt - in seiner Funktion als ein *Anpassungsmechanismus* erklärt, der sich nach dem Vorbild des Mondes methodisch in vollkommen komplementärer Weise durch den Abwechsel seiner zwei Bedeutungshorizonte auf den Wandel der signifikatischen, durch die Grundphänomene Tag und Nacht bestimmten Umwelt einstellt.

Schließlich verrät uns den ursprünglichen Sinn des Textes auch noch das ›Himmelsmuster‹ am Ende des Zitates. Dieses Schriftzeichen *zhang* bezeichnet nämlich die im Westen nach dem Athener Meton benannte Meton-Periode von 19 (tropischen) Sonnenjahren, nach der sich die Erscheinungskonstellationen von Sonne, Mond und Fixsternsphäre mit großer Genauigkeit wiederholen. Die Meton-Periode repräsentiert so die Vollständigkeit der kalendarischen Himmelserscheinungen und bildete daher die Grundlage sowohl des chinesischen Mondkalenders als auch der antiken Kalendersysteme im Westen. Der Text sagt aus, daß das Hexagrammsystem insgesamt die binäre Formulierung dieser vollständigen Kartei der Himmelsbilder »auf sechs Plätzen« darstellt.[89]

## *Der Aufbau des Hexagrammsystems*

Der erläuterte Gegensinn zwischen der solaren und der lunaren Auslegung des binären Bedeutungsaggregates kennzeichnet die Logik des Yijing-Systems von Grund auf. Die *Formulierung* dieser Logik in Form des Hexagrammsystems aber ist allein in der lunaren oder *signifikantischen* Dimension begründet, die ja als solche das urbildliche Medium der Darstellung bildet.

Daraus ergibt sich die grundsätzliche Maßgabe, *daß die ursprüngliche Konstruktion des Hexagrammsystems in unmittelbarer Entsprechung zur Erscheinungsstruktur des Mondwandels zu denken ist, d. h. als ein Verhaltensmuster, das die Formulierung dieser Struktur als Informationsspur ihrer Nachahmung erzeugt.*

Ein solches den Mond nachahmendes Verhaltensmuster hat, wie wir bereits im vorigen Kapitel gesehen haben, kulturgeschichtlich gedacht den Charakter eines *Rituals*, weshalb die zwei Linienformen auch als die ›Zwei Rituale‹ (*eryi*) bezeichnet wurden.[90] Die Konstruktion des Systems geht von der binären Formalisierung dieser Zwei Rituale aus. Und wie wir nun sehen werden, ist die natürliche Logik dieser Konstruktion so elementar, daß man sich ihre Wirksamkeit ohne weiteres auch bei der Entstehung des genetischen Kodes durch ein vorbewußtes Reaktionsmuster chemischer Substanzen vorstellen kann.

Die so angesetzte Entwicklung des Hexagrammsystems gliedert sich in vier Stufen, wie es der Entwicklungsplan in Abb. 29 darstellt. Ich charakterisiere diese vier Stufen hier zunächst nur in aller Kürze, um sie danach noch einmal ausführlicher zu erläutern.

**1** Ausgangspunkt ist die absolute Einheit oder Mitte (*taiji*) des Himmels, in der alle Gegensätze in einer vollkommenen *coincidentia oppositorum* aufgehoben sind. Daraus unterscheidet sich die Zweiheit der Zwei Rituale (*eryi*), die in der beschriebenen Weise dem Erscheinungsmodus der zwei Mondaspekte entsprechen und durch die gebrochene und die ungebrochene Linie dargestellt werden.

**2** Die Verhaltensmuster der Zwei Rituale erzeugen in zwei gegensinnigen Reihenfolgen die ›Vier Bilder‹ (*sixiang*) (4A), d. h. die vier möglichen zweiteiligen Kombinationen der zwei Linienformen, die den vier Mondphasen entsprechen. Mit den beiden umgekehrten Reihenfolgen, die sich rein binär, d. h. ohne Zeitpfeile, als die Zyklen (4I) und (4II) dar-

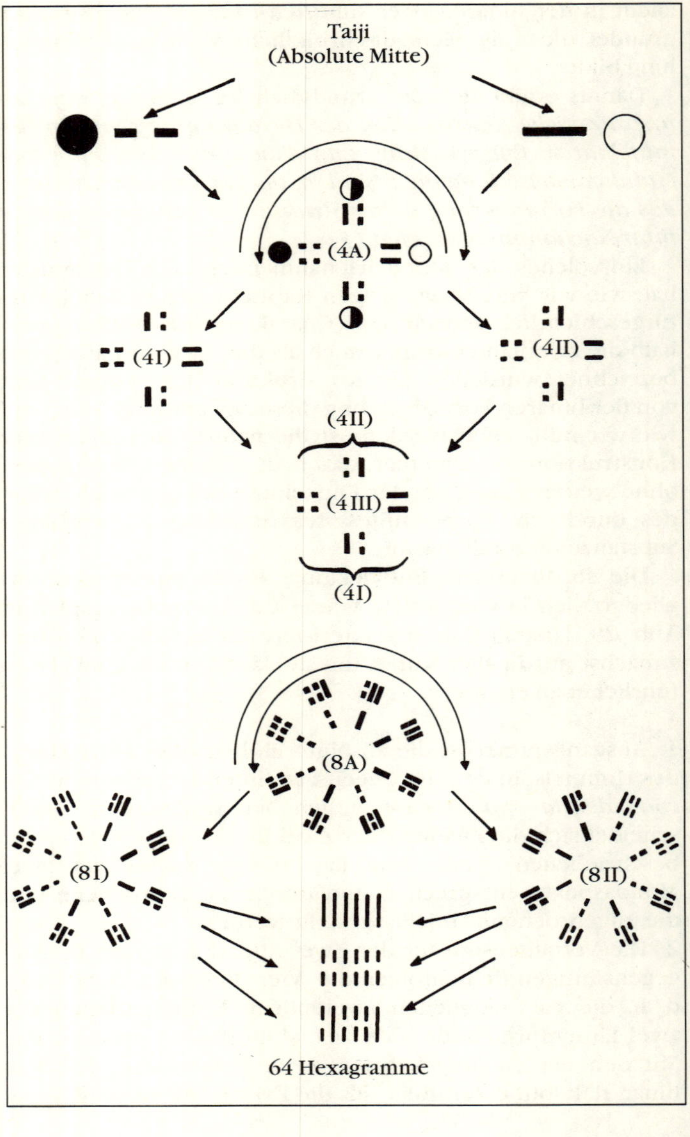
Taiji
(Absolute Mitte)
(4A)
(4I)
(4II)
(4II)
(4III)
(4I)
(8A)
(8I)
(8II)
64 Hexagramme

stellen, werden die gegensinnigen Bewegungen der zwei Mondgesichter auf der Differenzierungsebene der Vierheit formuliert. In jedem der zwei Zyklen sind die Bedeutungen der Bilder durch den Kontext ihrer Reihenfolge umgekehrt definiert als im anderen. (Die Bilderreihen sind dabei jeweils von der Mitte der Zyklen aus zu lesen.)

3 Durch die Synthese (4III) aus den zwei gegensinnigen Bilderreihen (4I) und (4II) werden die ›Acht Trigramme‹ oder dreiteiligen Linienkombinationen (*bagua*) erzeugt. Diese ergeben sich als der Trigrammzyklus (8A), indem man jedes der acht binären Elemente von (4III) mit seinen beiden Nachbarn *zusammenhängt*. Damit formulieren sie die ambivalente Struktur des Mondwandels im ganzen als den *Zusammenhang* zwischen seinen zwei gegensinnigen Aspekten. *Die vollzählige Versammlung der Acht Trigramme kann nur durch diese eine zyklische Anordnung von acht binären Elementen (oder ihr Spiegelbild) erzeugt werden.* Die Trigramme als solche *bedeuten* daher in ihrer reinen Formalität eben diesen ihren genetischen Ur-Zusammenhang (4III).

4 Wie der Bilderreigen (4A) in den zwei umgekehrten Reihenfolgen (4I) und (4II) gelesen werden kann, so ergibt auch der Trigrammzusammenhang (8A) zwei gegensinnige (und zugleich spiegelbildliche) Zyklen (8I) und (8II). Was damit formuliert wird, sind praktisch zwei umgekehrte Erscheinungsformen des Mondwandels *im ganzen*, deren jede sich wiederum aus dem Gegensinn seiner beiden Aspekte zusammensetzt, aber *mit vertauschten Rollen*. Diese zwei umgekehrten Erscheinungsformen des Mondwandels haben wir in der Natur als die lunaren Ausdrücke des *Monats* und des *Jahres*, d. h. der Himmelsbahnen von Mond und Sonne; denn im Lauf eines Jahres produziert der an einem bestimmten Himmelsort seiner Bahn beobachtete Mond die Umkehrung seiner monatlichen Bilderreihe.

Durch die kombinatorische Korrelation der Trigrammzyklen (8I) und (8II) ist es nun möglich, das Verhältnis dieser

29 Der Entwicklungsplan des Hexagrammsystems

zwei Rhythmen zu formulieren. Diese Korrelation ist die ›Verdoppelung‹ der Trigramme zu Hexagrammen. Da die zwei Rhythmen zeitlich voneinander unabhängig als Monat und Jahr ablaufen, entstehen alle möglichen Konstellationen zwischen ihnen, die sich somit als alle möglichen Kombinationen von zwei Trigrammen darstellen, d.h. als die $8^2 = 64$ Hexagramme.

Um diesen vierstufigen Entwicklungsweg näher zu erklären, vergegenwärtigen wir uns nun zunächst wieder die elementare Erscheinungsstruktur des Mondwandels, wie sie das bekannte *Taiji-Symbol* darstellt (Abb. 30).

30 Die Erscheinungsstruktur des Mondwandels im Taiji-Symbol

Die Zweiteilung des großen Kreises durch die Schlangenlinie repräsentiert die dynamische Grenze zwischen Tag (links) und Nacht (rechts). Der Mond durchwandert in seinem allmonatlichen Umlauf um die Erde einmal die ganze Tag–Nacht–Dimension. Dabei vollführt seine zweigeteilte Erscheinungsgestalt außerdem gleichzeitig relativ zur Erde eine vollständige Drehung, so daß er uns auf der Tagseite als Dunkelmond seine Schattenseite zuwendet und auf der Nachtseite als Vollmond seine Lichtseite, wie es der schwarze Kreis im Tagfeld und der weiße Kreis im Nachtfeld darstellen.

Die Erscheinungsstruktur des Mondwandels ist damit im Verhältnis zur Tag-Nacht-Dimension kontrapunktisch entgegensetzend. Die vier Phasenbilder erscheinen dabei nach dem Schema (4A) in der Reihenfolge gegen den Uhrzeigersinn.

Diese Erscheinungsfolge ist Ausdruck der schon im vorigen Kapitel erläuterten Bewegung des ›Nickens‹, die der Mond-Januskopf synchron mit seinem Wechselweg zwischen Tag- und Nachthimmel vollführt. Sein schwarzes Gesicht blickt auf der Tagseite herunter auf die Erde und wendet sich auf der Nachtseite hinauf in den Himmel; und sein weißes Gesicht blickt auf der Nachtseite herunter auf die Erde und wendet sich auf der Tagseite hinauf in den Himmel. Damit stellen die zwei Mondgesichter zugleich die *zeitliche* Vermittlung zwischen Tag und Nacht und die *räumliche* Vermittlung zwischen Himmel und Erde dar.

Das ›weiche‹ oder weibliche Ritual besteht nach dem Vorbild des dunklen Mondgesichts darin, daß es sich auf der Nachtseite hinauf in den Himmel wendet und auf der Tagseite herunter zur Erde. Da im Verhältnis Himmel–Erde der Himmel als Ort der natürlichen Lichtquellen Sonne, Mond und Sterne die helle Yang-Seite, die von Haus aus unbeleuchtete Erde hingegen die dunkle Yin-Seite bedeutet, ist diese Bewegung im Verhältnis zum Tag–Nacht–Wechsel wiederum kontrapunktisch entgegensetzend. Ihr Verhaltensmuster (4I) gleicht damit der beschriebenen Erscheinungsstruktur des Mondwandels im ganzen und entspricht auf der Differenzierungsebene der Vier Bilder der monatlichen Reihenfolge der vier Mondphasen, die der Zyklus (4A) darstellt, wenn wir ihn *gegen* den Uhrzeigersinn lesen (Abb. 31).

Das ›harte‹ oder männliche Ritual hingegen ergibt nach dem Vorbild des hellen Mondgesichtes, das sich auf der Tagseite hinauf in den hellen Himmel und auf der Nachtseite hinunter zur dunklen Erde wendet, naturgemäß genau das

31 Bilderzyklus (4I)

32 Bilderzyklus (4II)

umgekehrte Verhaltensmuster (4II). Seine Bewegung ist damit im Verhältnis zur Tag-Nacht-Dimension nicht entgegensetzend, sondern *gleichsetzend.* So definiert sie praktisch die Tag-Nacht-Dimension selbst, d. h. den *Erscheinungsrhythmus der Sonne.* Diesen stellt die ›homogenisierte‹ Form des Yin-Yang-Symbols dar. Indem wir diese Reihenfolge ebenfalls gegen den Uhrzeigersinn lesen, entspricht sie im Schema (4A) der Richtung *mit* dem Uhrzeigersinn. (Aus Gründen der besseren Vergleichbarkeit der beiden Bilderzyklen habe ich in der obigen Graphik die Stellung der Tag-Nacht-Dimension umgekehrt, was aber die Reihenfolge der Vier Bilder als solche nicht verändert.) (Abb. 32)

Man sieht hier in der Dimension der Vierheit, wie die Zwei Rituale wiederum als Signifikanten den zwei Mondaspekten entsprechen und zugleich als ihre Signifikate die Erscheinungsstrukturen von Mond und Sonne formulieren. (4I) stellt den lunaren Horizont der Vier Bilder dar, (4II) den solaren. Dabei ist zu bemerken, daß die Vier Bilder (und damit die zwei Linienformen) in den zwei Horizonten (4I) und (4II) nicht nur durch ihre Reihenfolge, sondern auch durch ihre Zuordnung im Kreislauf vollkommen entgegengesetzt definiert sind: In (4I) markiert das helle Vollbild die Nacht, das dunkle den Tag. In (4II) sind diese Rollen vertauscht. Diese Umkehrung der Bedeutungsaggregate drückt die Unterscheidung der Begriffspaare Gang-Rou und Yin-Yang aus.

Von hier aus wird auch die Zuordnung der schon erwähnten Funktionen ›Wandlung‹ *(yi)* und ›Auslese‹ *(jian)* verständlich: Der Horizont des weichen oder weiblichen Rituals wird von der lunaren Ordnung des Nachthimmels geprägt und konstituiert damit die stabilisierende Funktion der Auslese. Der Horizont des harten oder männlichen Rituals wird vom solaren Chaos des Taghimmels geprägt und konstituiert damit die chaotisierende und innovative Funktion der Wandlung.

Zugleich wurden die beiden Geschlechtshorizonte mit den Gestaltqualitäten *konkav* und *konvex* assoziiert. Die Schattenseite des Mondes stellte man sich im Gegensatz zur gewölbten Lichtseite *hohl* vor, so daß sich daraus das Bild eines halbkugeligen ›Gefäßes‹ *(qi)* ergibt. Auf der Differenzierungsebene der Vier Bilder erzeugt dementsprechend in der Tat die Bildfolge (4I) die charakteristische Erscheinungsstruktur eines *Tales*, die Bildfolge (4II) hingegen die Struktur eines *Berges* (Abb. 33).

Diese Art der analogischen Assoziation zwischen den ›Bildern des Himmels‹ und den ›Gesetzmäßigkeiten auf der Erde‹

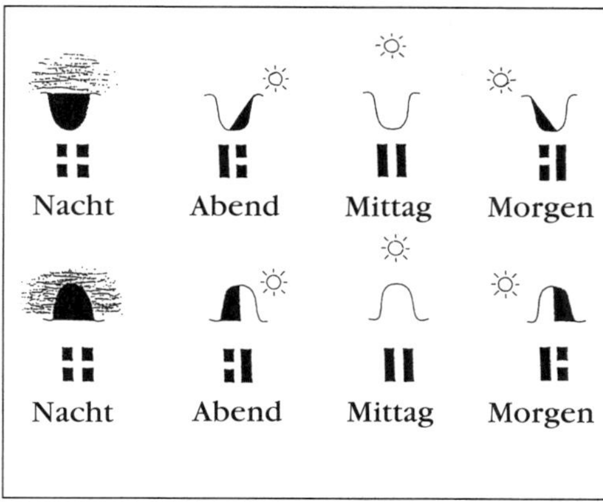


33 Die Erscheinungsstrukturen von Berg und Tal

34 Das chinesische Schriftzeichen *xiang* 象 hat zwei scheinbar völlig heterogene Bedeutungen: ›Bild, Symbol, symbolisieren‹ und ›Elfenbein, Elefant‹. Den Ausdruck *sixiang* (›Vier Bilder‹; die zwei Schriftzeichen rechts oben) könnte man daher ganz wörtlich ebenso mit ›die vier Elefanten‹ übersetzen. Die Ur-Bilder oder Ur-Symbole, denen die erste Bedeutung entlehnt ist, sind die vier Phasenbilder des Mondes. Die Brücke zur zweiten Bedeutung liegt allein in der Ähnlichkeit der Mondsichel mit der Erscheinungsgestalt des Elefantenzahns.

ist grundlegend für die Mythenproduktion und die durch diese hergestellte Bedeutungskonstitution der Wortsymbole. Ausschlaggebend ist dabei allein die *Ähnlichkeit der Erscheinungen.* Ich habe dies durch eine kleine Zeichnung am Beispiel des einschlägigen chinesischen Schriftzeichens für ›Symbol‹ (*xiang*) dargestellt (Abb. 34).

Der dritte Entwicklungsschritt, die Synthese der zwei Verhaltensmuster (4I) und (4II) in der Herstellung des konstitutiven Zusammenhanges (4III) der Acht Trigramme, entspricht damit der Vereinigung der Geschlechter. Als Synthese der konkaven und der konvexen Gestaltqualität ergibt dies die geometrische Struktur des *Möbiusschen Bandes* (Abb. 50).

Wir haben es also praktisch mit der binären Formulierung jenes »Mysterium Coniunctionis« zu tun, das C. G. JUNG anhand der Symbolik der mittelalterlichen europäischen Alchimie untersucht hat.[91]

Wie aber ist die Synthese in ihrer Formalität vom Urbild des Mondwandels her zu denken? Die Symbolik der frühen Texte und die Logik der Sache weisen gleichermaßen darauf hin, daß die Synthese aus der Struktur des allmonatlichen Höhepunktes im Wandelgang des Mondes heraus zu verstehen ist, nämlich aus seiner Konjunktion mit der Sonne.

In der Konjunktion mit der Sonne verschwindet die Erscheinung des Mondes bekanntlich, löst sich im strahlenden Licht des Tagesgestirns auf. Durch ihr Verschwinden wird der Gegensatz ihrer zwei Kehrseiten und damit gleichsam die Trennwand zwischen den Zwei Ritualen *aufgehoben.* Eben diese Aufhebung der Wand in der Einheit des Gegensatzes seiner Kehrseiten stellt die Struktur des Möbius-Bandes dar, die der Urzusammenhang (4III) der Trigramme binär formuliert.

Nun sind die Acht Trigramme in der Struktur der Synthese (4III) aber nur *konkret,* d. h. in ›zusammengewachsener‹ (lat. *concretus*) Form enthalten. Wie entfalten sie sich zu ihrer expliziten Gestalt als disparate symbolische Einheiten? Die Frage ist gleichbedeutend mit der Frage nach der Begründung der in ihnen enthaltenen Dreizahl.

Die Antwort beruht darauf, daß der Mond in der Konjunktion mit der Sonne *drei Tage lang* verschwunden ist: Mit anderen Worten, sein Erscheinen wird durch den dreimaligen Ablauf eines mondlosen Tag-Nacht-Wechsels unterbrochen. Die ihres himmlischen Vorbildes beraubten und auf sich selbst zurückgeworfenen Zwei Rituale laufen daher dreimal nacheinander in ihrem unvermittelten Zusammenhang (4III) ab. Dies bedeutet zugleich die direkte Übertragung oder Projektion des Mondwandels auf den Tag-Nacht-Rhythmus, wie sie durch die Erscheinungsstruktur der vier Phasenbilder im Rahmen des Tageslaufes ja schon vorgezeichnet ist.

Auf diese Weise entstehen die Acht Trigramme in ihrer expliziten Gestalt; denn der Trigrammzyklus (8A) besteht aus *drei fortlaufend ineinander verketteten Zyklen* (4III), so daß er damit insgesamt die jeweils um einen Schritt verschobenen Informationsspuren der drei Tagesabläufe darstellt. Die Verschiebung läßt sich vielleicht damit erklären, daß der Mond-Tag um rund eine Stunde länger ist als der Sonnentag. Zugleich wurde die Dreizahl mit den drei Grunderscheinungen Sonne, Mond und Sterne assoziiert, so daß der in der Konjunktion zusammengeschmiedete Ring der Acht Trigramme das symbolische Konzentrat des ganzen Himmels bedeutete.

Der Zyklus (8A), den ich die *Ur-Acht* nenne, formuliert die Struktur des Mondwandels in der beschriebenen Weise als die Synthese zweier *gegensinniger* Bewegungen. Die Symbol-

35 Die Aufhebung des Gegensinnes im Urzusammenhang der Trigramme erzeugt die Anordnung des Fuxi.

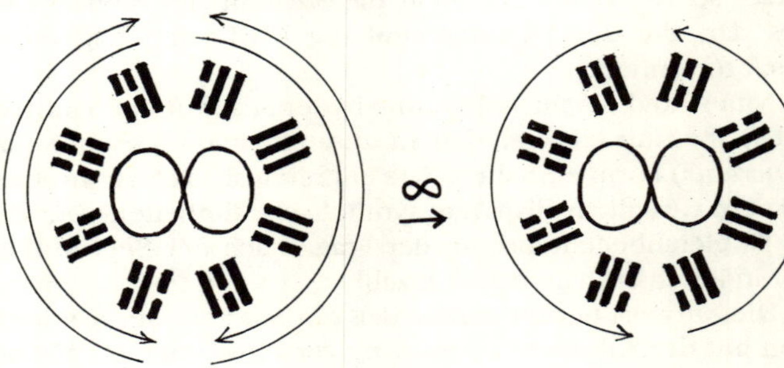

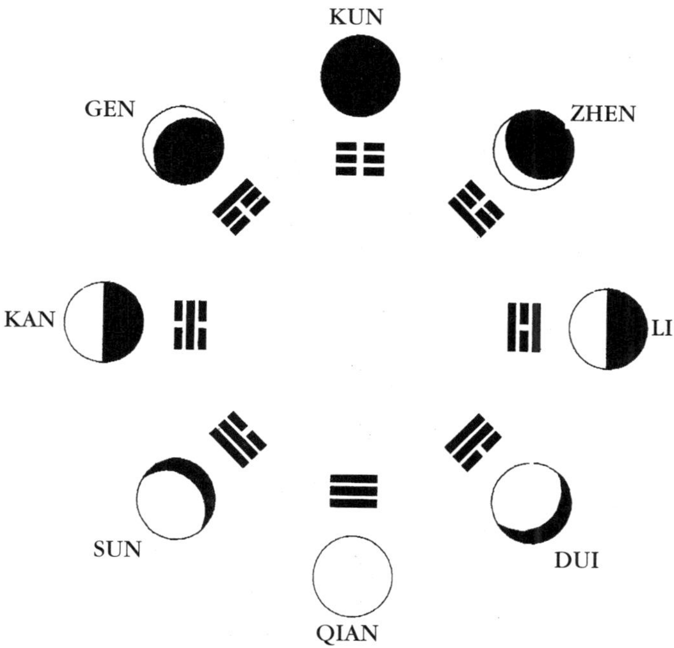


36 Die Formulierung des Mondwandels durch die Acht Trigramme. In dieser Anordnung nannte man sie ›die Acht Trigramme des Fuxi‹ oder ›die Acht Trigramme, die dem Himmel vorangehen‹ (*xiantian bagua*). Mit ihrer einfachen Polarisierung der Gegensätze ist dies die solare Yang-Formel der Trigramme im Gegensatz zu der lunaren Yin-Formel des Königs Wen (Abb. 37).

form für die uns gewohnte *einsinnige* (d. h. nur von einem Standpunkt aus betrachtete) Abfolge der Mondbilder erhalten wir daher, wenn wir diesen Gegensinn *aufheben*, indem wir die linke und die rechte Seite des Zyklus, der Linie einer liegenden Acht folgend, gegeneinander *verkehren* (Abb. 35).

Wir bekommen damit die Reihenfolge einer der zwei überlieferten Trigrammformeln, die auch ›die Acht Trigramme des Fuxi‹ genannt wird.[92] Diese ist der Mondplan des Him-

37 Die dem Zhou-König Wen zugeschriebenen ›Acht Trigramme, die dem Himmel nachfolgen‹ (*houtian bagua*). Oben die seit der Song-Dynastie überlieferte Darstellungsform, in der scheinbar keine logische Ordnung zu erkennen ist. Dreht man aber jedes einzelne Trigramm um 90 Grad nach rechts und zugleich auch die ganze Formel um 90 Grad, so ergibt sich eine ganz klare Symmetrie zwischen links und rechts (Mitte). In dieser Form markiert das Schriftzeichen 王 (*wang* = ›König‹) mit seinen vier Linien (unten) genau die Gegenpole in der Formel des Fuxi (Abb. 36). Vielleicht war mit der überlieferten Form ursprünglich eine Tabuierung beabsichtigt.

mels, der für die Betextung der Hexagramme zugrundegelegt wurde (Abb. 36).

Dies ist die lunare oder signifikantische Auslegung der Formel. Eine ausdrücklich lunare Zuordnung der Trigramme finden wir u. a. in dem taoistischen Yijing-Kommentar des Yu Fan (164-233 n. Chr.; Abb. 38).[93] In der solaren oder signifikatischen Auslegung der konfuzianischen Schule hingegen kennzeichnen umgekehrt Qian den Sonnenort und Kun die Nacht, d. h. den Ort des Vollmondes.

Betrachten wir nun den Entwicklungsschritt von den Trigrammen zu den Hexagrammen. Da die vollzählige Versammlung der Acht Trigramme nur durch (4III) und keine andere Anordnung von acht binären Elementen erzeugt werden kann, enthalten sie als solche in ihrer reinen Formalität die

Verweisung auf eben diesen ihren konkreten Ur-Zusammenhang. Damit *bedeuten* sie als kontexturale Symbolformen die urbildliche Struktur des Mondwandels und behalten diese Bedeutung qua Trigramme auch dann, wenn sie in der beschriebenen Weise aus ihrem konkreten Zusammenhang herausgelöst und nun zu Hexagrammen kombiniert werden.

Die Vollständigkeit ihrer möglichen Kombinationen stellt dann die symbolische Korrelation *zweier* zeitlich voneinander unabhängiger Erscheinungsabläufe des Mondwandels dar, nämlich des *monatlichen* und des *jährlichen*. Da diese zwei Abläufe im ganzen zueinander gegensinnig erscheinen, bedeutet ihre Korrelation als Synthese der gegensinnigen Reihenfolgen (8I) und (8II) in potenzierter Form eine Analogie zu der Synthese von (4I) und (4II).

Aber diese kosmische Argumentation bedarf heutzutage wohl auch für den gebildeten Leser noch einer näheren Erklärung: Wenn wir den Mond unmittelbar vom Erdort aus in seinem monatlichen Phasenwechsel betrachten, so sehen wir die Reihenfolge der Mondbilder im Zyklus (4A) in linksdrehender Richtung, d. h. gegen den Uhrzeigersinn. Er drückt damit seine eigene monatliche Umlaufbahn durch den Tierkreis relativ zur Sonne aus und gliedert dabei zugleich durch seine täglichen Erscheinungsbahnen den Tageslauf in die vier Tageszeiten. Dies ist die Struktur des *synodischen* Mondwan-

38 Eine taoistische Auslegung der Mondphasen durch die Trigramme, die der Zuordnung des YU FAN (um 200 n. Chr.) entspricht. In dieser Auslegung wurden die Trigramme Li und Kan aus dem Kreislauf ausgeklammert und in der Mitte oder ›im Inneren‹ des Zyklus plaziert.

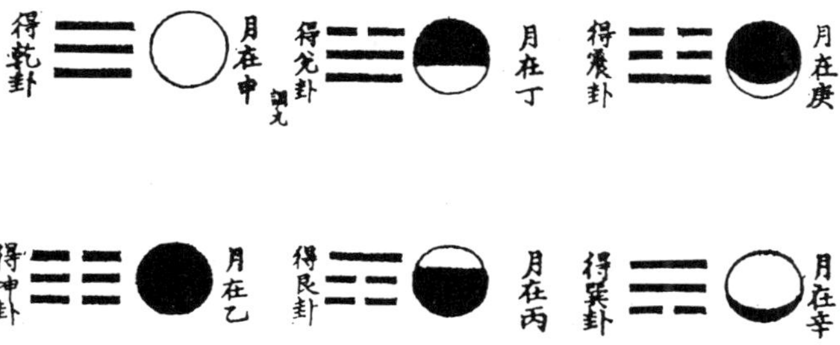

dels. Betrachten wir den Mond hingegen allmonatlich jeweils an einem bestimmten Himmelsort des Tierkreises, so sehen wir im Lauf der dreizehn siderischen Mondumläufe des Jahres genau die umgekehrte Reihenfolge seiner vier Phasenbilder, die sich im Zyklus (4A) rechtsdrehend, d. h. mit dem Uhrzeigersinn darstellt. Damit drückt er den Jahreslauf der Sonne durch den Tierkreis aus; und wenn wir als Ort der Beobachtung den Punkt seines höchsten Standes am Himmel wählen, nämlich den Sonnenort der Sommersonnenwende, so gliedert der Mond mit seinen vier Phasenbildern zugleich auch das Jahr in die vier Jahreszeiten, analog dazu, wie er – natürlich in der umgekehrten Reihenfolge – bei seinem monatlichen Umlauf die vier Tageszeiten markiert. Aufgrund seiner Bezogenheit auf einen bestimmten Ort des Tierkreises können wir diesen jährlichen Erscheinungsablauf als *siderischen Mondwandel* bezeichnen. Er ist dann zu unterscheiden vom *siderischen Mondumlauf*, worunter man die Zeitstrecke des monatlichen Umlaufs von Fixstern zu Fixstern versteht.[94]

Durch die symbolische Synthese dieser zwei Erscheinungsabläufe in Form der Verdoppelung der Trigramme zu Hexagrammen ist nun neben dem Jahresgang der Sonne zugleich der Tierkreis in die Konstruktion einbezogen. Wir haben damit in Gestalt der 64 Hexagramme die vollständige Symbolform des Kalenderhimmels entwickelt, wie sie dem natürlichen Himmelsmuster der 19jährigen Meton-Periode entspricht.

So stellen die 64 Hexagramme die Erscheinungsordnung des Himmels in der binären Sprache des Mondes dar und bilden damit die Struktur eines Mondkalenders. Auf der einfachsten Ebene kann man den kalendarischen Charakter des Systems demonstrieren, indem man die Hexagramme als *drei* Etagen von je zweiteiligen Linienkombinationen oder ›Bildern‹ betrachtet: Da es *vier* Bilder gibt, lassen sich durch die 64 Hexagramme alle möglichen Kombinationen der vier Tageszeiten, der vier Mondphasen und der vier Jahreszeiten darstellen.

Darüber hinaus aber zeigt eine Untersuchung der numerischen Struktur des Hexagrammsystems im ganzen, daß darin die Zahlenverhältnisse der Rhythmen des Tages, des Monats und des Jahres sowohl zueinander als auch zur Meton-Periode in eine analogische Korrelation von größter Genauigkeit gesetzt sind. Ich habe diese Untersuchung unter gleichzeitiger Heranziehung der numerischen Struktur der DNA-Doppelhelix durchgeführt.[95] Dabei stellte ich fest, daß die Gliederung der Doppelhelix in Windungen und die Komplementärverdoppelung der Tripletts die kalendarische Struktur des Hexagrammsystems durch ihre Zahlenverhältnisse nicht nur bestätigen, sondern in einigen Punkten noch verdeutlichen. Der Triplett-Kode der DNA entpuppt sich auf diese Weise als die biogenetische Urform des Kalenders – und als ein wahres Wunderwerk der analogischen Verdichtung, in dem wir mit Hilfe des *Yijing* die kosmische Handschrift des Mondes erkennen.

Es entspricht also vollkommen der natürlichen Evolutionslogik, dieses Grundmuster der irdischen Umwelt auch der kulturgeschichtlichen Zeichenschöpfung zugrundezulegen, wie es im frühen China in der Gestalt des Hexagrammsystems offenbar auf eine ganz bewußte Weise geschehen ist.

## *Die Deutung und Betextung der Hexagramme*

Die Dimension des Kalenderhimmels ist aber nur einer der zwei wesentlichen Aspekte des Systems. Da die 64 Hexagramme *alle* möglichen Kombinationen von zwei Linienformen auf sechs Plätzen darstellen, bilden sie zugleich einen vollständigen *Spielraum der Zufälligkeit*, in dem sich jede beliebige Orakelentscheidung abbilden kann.

Darin ist der irdische Aspekt des Systems begründet: Im Gegensatz zu einem bloßen Kalendersystem, das nur eine starre Abfolge von Himmelsrhythmen darstellen würde, umfaßt es darüber hinaus die relative Arbitrarität oder Beliebigkeit der Einzelereignisse, mit der sich das Umweltgeschehen im kleinen auf der Erde abspielt. *Diese zwei Erscheinungsdimensionen der Umwelt, die himmlische und die irdische, die makrokosmische und die mikrokosmische, sind durch die Konstitution der Hexagramme auf den gemeinsamen Nen-*

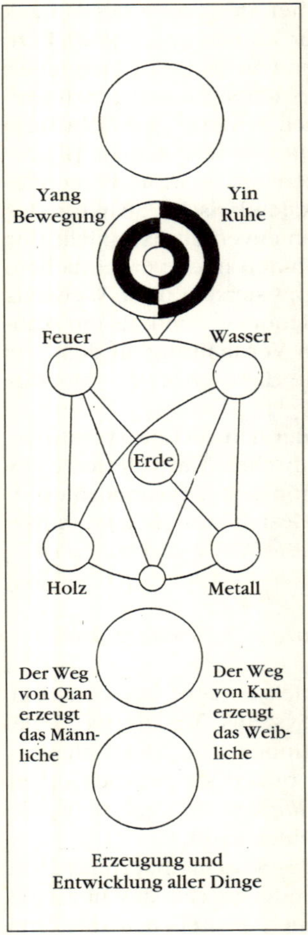


39 Der »Plan des Erhabenen Höchsten« (*Taijitu*) von ZHOU DUNYI (11. Jh.). Die schöpferische Wirkung von Yin und Yang wird hier durch die Fünf Wandernden (*wuxing*) übertragen, deren Ausdruck die fünf Elemente sind. Im »Buch der Wandlungen« ist aber von den Fünf Wandernden noch keine Rede.

*ner einer analogischen Korrelation gebracht.*

Damit bildet das Hexagrammsystem in allgemeiner Form die binäre Symbolform der Umwelt als Kosmos der Erscheinungen, wie es seiner Begründung im Gegensatz der Grunderscheinungen Licht und Schatten entspricht. Aber die symbolische Erfassung der Erscheinungswelt erfüllt noch nicht den Sinn eines funktionierenden Sprachsystems, dessen Konstitution das *Yijing* ja darstellen sollte. Ein funktionierendes Sprachsystem muß den ganzen Erkenntnisprozeß formulieren, d. h. auch die Übersetzung der bloßen Erscheinungen in die Wirklichkeit der gegenständlichen Welt leisten. Dem entspricht die Grundvorstellung des mythischen Denkens, daß die Bilder des Himmels, d. h. die urbildliche Dimension der reinen Erscheinungen, sich in den körperlich greifbaren Dingen der irdischen Dingwelt manifestieren oder verwirklichen.

Mit anderen Worten, die Dimension der Wirklichkeit ist das aus der Dimension der Erscheinungen *zu Schließende*.

Wie geht dieser Schluß im System des *Yijing* vor sich?

Er geht vor sich, indem die Dimension der Wirklichkeit sich in einem weiteren System von Zeichengestalten darstellt, das durch die Hexagramme definiert oder programmiert ist. Dieses weitere Zeichensystem bildet sozusagen die Benutzersprache des Yijing-Computers, während die binären Hexagramme seine Maschinensprache repräsentieren. In der Dimension des genetischen Kodes entspricht es den Aminosäuren oder Proteinen, die durch die DNA-Tripletts kodiert werden und den praktischen, instrumental wirksamen Apparat des Organismus bilden.

Um dies zu erklären, müssen wir zunächst die formale Struktur der Hexagramme in ihrem Feinbau betrachten.

Wir haben das Hexagrammsystem als kombinatorische Verdoppelung des Trigrammsystems entwickelt, so daß jedes Hexagramm aus einem unteren und einem oberen Trigramm besteht. Es enthält jedoch nicht nur diese beiden Trigramme, sondern zugleich die Formulierung des *Zusammenhanges* zwischen ihnen, der sich in vier weiteren Trigrammen darstellt: Wenn man das Hexagramm von unten nach oben *kontextural*, d. h. als verketteten Zusammenhang von Trigrammen liest, und dabei zugleich *zyklisch* vorgeht, so daß auf die oberste und letzte Linie wieder die unterste

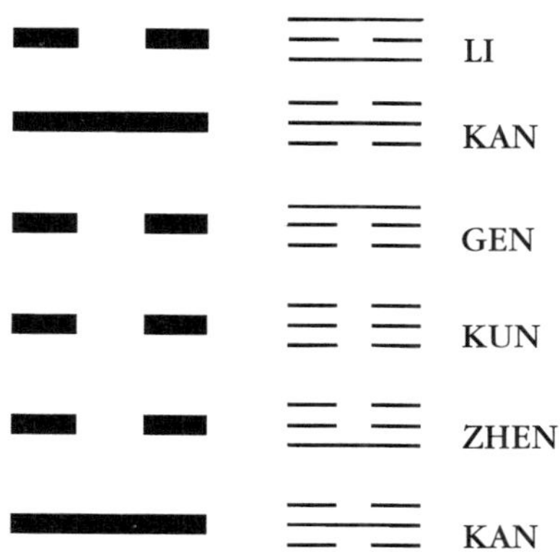


40 Das Hexagramm Nr. 3 Zhun und die darin enthaltenen 6 Teiltrigramme

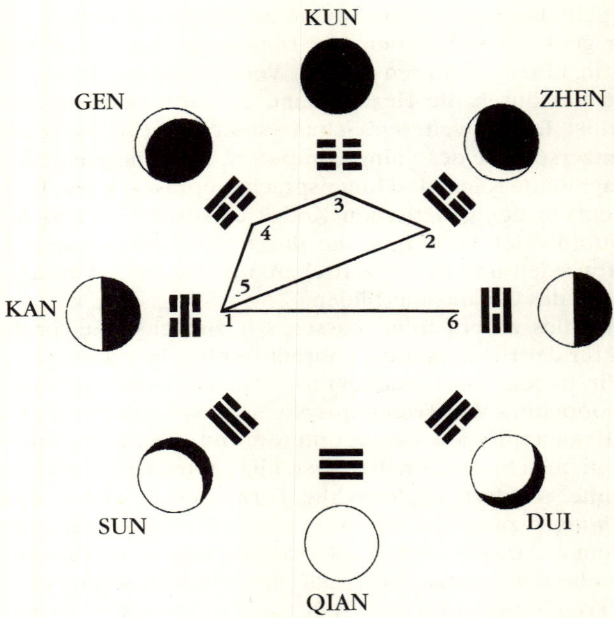


41 Der Graph von Hexagramm Nr. 3 Zhun

und erste folgt, dann enthält es insgesamt *sechs* Trigramme; so zum Beispiel im Falle des Hexagrammes Nr. 3 Zhun, ›die Häufung‹ (Abb. 40).

Das Hexagramm enthält die Trigrammfolge Kan – Zhen – Kun – Gen – Kan – Li: Jede der sechs Linien ist durch ein Trigramm definiert.

Der nächste Schritt ist nun die Lokalisierung dieser Trigrammfolge im Mondplan des Himmels. Wir erhalten damit eine Reihenfolge von sechs Mondbildern. Und wenn wir diese sechs Mondbilder durch Linien miteinander verbinden, so ergibt sich eine Figur, die die gegenständliche Verwirklichung des Hexagramms Zhun darstellt (Abb. 41).

Jedes Hexagramm erzeugt eine eigene Figur dieser Art. Ich nenne sie den *Graph* des Hexagrammes. Die Graphe oder das *graphische* Zeichensystem bilden neben dem binären Hexagrammsystem eine eigene Kategorie von Zeichen. Was der Graph darstellt, ist das Bild der *realen Situation*, die das Hexagramm bedeutet. Seine chinesische Bezeichnung war offensichtlich der Begriff *zhen*, ›das Echte, das Feste, das Konkrete‹, ein häufig vorkommender Name für das Orakelergebnis, der aber nicht das Hexagramm selbst meinte, welches als *gua* bezeichnet wurde.

Eine Beschreibung oder Darstellung der Graphe selbst ist nirgends in der Literatur überliefert. Die Textanalyse zeigt aber eindeutig, daß diese im Rahmen des Mondplanes die Leitfigur oder Assoziationsschiene bildeten, nach der die inhaltliche Deutung durch die dem jeweiligen Hexagramm zugeordneten Sprüche erfolgte. Der Graph definiert damit im Rahmen eines weiten, aber gleichwohl bestimmten Zusammenhanges die Bedeutungen und die Bedeutungszusammenhänge der Schriftzeichen, aus denen die Sprüche gebildet sind. Die Graphe sind offenbar die konstitutiven Urformen und strukturalen Kristallisationskerne für das ebenfalls graphische System der Schriftzeichen.

Praktisch fand die Deutung als assoziative Verbindung zwischen zwei Ebenen statt: den Erscheinungsbildern des Himmels, die der Mondplan selbst repräsentiert, und den realen Situationen auf der Erde, die der Graph des Zeichens sozusagen auf der durch den Mondplan gebildeten Weltbühne darstellt.

Der Graph unseres Hexagrammes Zhun zum Beispiel ergibt das Bild einer *Anhäufung* oder eines *Haufens*, der auf der rechten Seite hochgehoben oder in die Schräge gekippt wird. Tatsächlich ist die Grundbedeutung des Hexagrammnamens Zhun ›anhäufen, Häufung, Haufen‹. Da die Symmetrie der Häufung aber auf der rechten Seite gestört, der Haufen gekippt wird, hat das Schriftzeichen *zhun* auch die Bedeutung ›schwierig‹ im Sinn von ›schwierig zu bewegen‹. Ferner hat man damit das Bild eines Pflanzenkeimes assoziiert, der beim Durchbrechen ein Häufchen Erde hochhebt und zur Seite stößt. Von daher hat *zhun* noch die Bedeutung ›sprießen‹ angenommen.

Auf diesem Hintergrund verstehen sich nun auch die Spruchdeutungen. Im Linientext zur zweiten Linie (Zhen) zum Beispiel, die den Angriffspunkt für die Drehbewegung des Haufens darstellt, heißt es ganz wörtlich: »Wie ein Anhäufen, wie ein Umkippen.« Zugleich wird berücksichtigt, daß die Linie für den Altmond Zhen steht, für das Himmelsbild des Mondes kurz vor seinem Verschwinden. Daher heißt es in der Linie auch: »Wie ein Pferd, das sich aus dem Gespann löst.« Die Gestalt des Graphs wurde nämlich zugleich als ein Gespann mit vier Pferden vor dem Wagen Kun gedeutet, das sich durch die ›Kippung‹ in Auflösung befindet. Oder nehmen wir den Spruch zur ersten Linie, die den Angelpunkt und ruhenden Pol der Drehung darstellt. Hier heißt es: »Der Felsen steht auf der Kippe.« Die Linie entspricht zugleich dem zunehmenden Halbmond Kan, der ›auf der Kippe‹ zwischen Tag und Nacht steht und dabei seine Lichtseite (den Felsen) von der Hinaufwendung in die Herabwendung ›kippt‹. ›Der Felsen steht auf der Kippe‹ ist im Chinesischen zu einem stehenden Ausdruck für ›zögernd, unentschlossen, untätig‹ geworden. Da es der ruhende Pol der Kippbewegung ist, heißt es in dem Linienspruch ferner: »Günstig, ein Verweilen zu verwirklichen.« In der fünften Linie, wo der Graph noch einmal auf den zunehmenden Halbmond Kan zurückkommt, wird dieser dann aufgrund seiner Gestalt als ein dicker Bauch ausgelegt, was zu dem Spruch führt: »Man häuft sein Fett an.« Und so weiter und so fort.

Grundsätzlich läßt sich dieses Prinzip der Textproduktion in jedem einzelnen Hexagramm Linie für Linie und Spruch für Spruch aufzeigen. Der Graph wird gleichsam wie ein Weihnachtsbaum mit Schriftzeichen geschmückt, denen er durch seine Gestalt im Rahmen des Mondplanes ihre Grundbedeutungen vorzeichnet, und die ihrerseits durch ihre Gestalten wiederum diese Grundbedeutungen spezifizieren. Ich werde dies demnächst ausführlich mit der Veröffentlichung einer neuen Gesamtübersetzung des *Yijing* demonstrieren.

So bildet jedes einzelne Hexagramm ein kleines Kunstwerk, einen eigenen Bedeutungskosmos, der zugleich in vollkommen systematischer Weise mit dem symbolischen Gesamtkosmos in Beziehung gesetzt ist, den die 64 Hexagramme darstellen. Auf diese Weise werden durch die Systematik des *Yijing* die Bedeutungsfelder der Wortsymbole begründet. Hier wäre ein Ansatz für eine umfassende Untersuchung der Schriftzeichenbildung.

Wir können nun insgesamt überblicken, wie das *Yijing* eine Modellkonstruktion der Sprachfunktion darstellt. Mit der Organisation der Wortbedeutungen auf der Basis des Hexagrammsystems umfaßt diese Konstruktion eine archetypische Dimension, die wir heutzutage aufgrund einer kulturbedingten Bewußtseinsverengung als ›das Unbewußte‹ bezeichnen. Angesichts der Isomorphie des Hexagrammsystems mit dem DNA-Kode ist anzunehmen, daß dies als der Ausdruck einer faktischen Verwurzelung der Sprachfunktion in der organischen Sphäre der Genetik zu verstehen ist.[96]

Kulturgeschichtlich gesehen stellt die beschriebene Organisation der Wortbedeutungen die sprachliche Dimension des Mythos dar. Was zur Vollständigkeit der Konstruktion noch fehlt, ist jedoch die übergeordnete oder *logische* Sprachebene, welche *die Struktur des Satzes* repräsentiert. Aber auch sie ist in unserem System ausdrücklich formuliert, und zwar durch die Spielregel des Orakels: Diese liefert durch die Einrichtung von ›sich wandelnden‹ Linien ein Orakelergebnis, das in der überwiegenden Zahl der Fälle nicht aus einem einzelnen Hexagramm besteht, sondern aus einem ersten, einem *Subjekt-Hexagramm*, und einem zweiten, einem *Prädikat-Hexagramm*, durch welches das erste näher bestimmt wird. Und dabei ist durch die Wahrscheinlichkeitsverhältnisse der Spielregel dafür gesorgt, daß das zweite mit dem ersten fast immer in der überwiegenden Zahl der Strichelemente übereinstimmt. Damit ist die logische Korrelation von ›Oberbegriff‹ und ›Unterbegriff‹ in einer kombinatorischen Form modelliert, die eine widersprüchliche Prädikation zwar nicht absolut, aber praktisch so gut wie ausschließt.

Wenn wir uns an das vorige Kapitel erinnern, so sehen wir nun auch, wie sich im Aufbau des *Yijing* die Struktur des beschriebenen kulturgeschichtlichen Dreischrittes widerspiegelt: Die Erscheinungsbilder des Nachthimmels sind durch den Mondplan der Acht Trigramme vertreten (Xia-Dynastie), die Manifestation der Sonne in Gestalt der Rißbildung auf den Orakelknochen wird durch den Graph dargestellt (Shang-Dynastie), und die Synthese dieser zwei Elemente erfolgt durch die Deutung in Form der hinzugefügten Schrifttexte, deren sprachliche Logik zugleich in der besagten Satzstruktur des Orakelergebnisses zum Ausdruck kommt (Zhou-Dynastie).

# III
# Mythos und Weltbild

Wie wir gesehen haben, geben uns die chinesischen Quellen recht deutlich Auskunft über das methodische Verfahren, mit dem die ›Heiligen Menschen‹, d. h. die weisen Schamanen der Frühzeit, einst die grundlegenden Formen der Kultur schufen: daß »ihre Weisheit sie befähigte, das Oben und das Unten zu Bedeutungen zu verknüpfen«, also »die Bilder des Himmels« und »die Gesetzmäßigkeiten auf der Erde« miteinander zu assoziieren, so daß »die Gottheiten des Lichts in ihnen herabstiegen« (s. S. 23/24). Mit diesem Verfahren wurden in gestischer Form die Rituale entwickelt, in sprachlicher Form die Mythen. Der leitende Gesichtspunkt dabei war der Erscheinungswandel des Mondes, der mit seinen wechselnden Bildern die Weltordnung in Gestalt eines himmlischen Textes oder Zeichenmusters darstellt.

Mit der Betrachtung des *Yijing* haben wir dieses kosmische Grundmuster in seiner klassischen Formulierung kennengelernt. Das *Yijing* überliefert uns einen universalen Mythos, in dem mit der systematischen Zugrundelegung der Himmelsbilder zugleich das Prinzip der Mythenschöpfung selbst dargestellt wurde. Die Konstruktion des Sprachsystems erfolgte praktisch in Form von Mythenschöpfung. Das ›kolossale Muster‹ aus symbolischen Korrelationen, an dessen Erweiterung und Vervollkommnung der chinesische Geist jahrtausendelang gearbeitet hat, folgte von Haus aus der Logik des Mythos.

Einige europäische Gelehrte des 19. und beginnenden 20. Jh. sind auf dem Weg der vergleichenden Mythenforschung auch ohne besonderen Bezug auf China zu dem Schluß gelangt, daß sich die Logik des Mythos überhaupt weltweit auf das kosmische Leitmotiv des Mondwandels zurückführen läßt.[97] Der profane Gedanke einer solchen Rückführung der im Mythos formulierten religiösen Glaubensinhalte auf eine konkrete Naturgrundlage konnte sich freilich im christlichen Abendland nicht durchsetzen und wurde inzwischen praktisch wieder vollkommen verdrängt. »Wie alles Neue und zugleich Einfache,« schrieb PAUL EHRENREICH im Jahr 1910, »wird sie [die Mondtheorie] als unwissenschaftlich abgetan, und doch weiß die Mehrzahl ihrer Gegner in der Regel nichts anderes zu erwidern, als daß ›ihnen die ganze Richtung nicht paßt‹.«[98] Heute behaupten manche Gelehrte sogar wieder in dogmatischer Weise, daß der Ursprung des Mythos sich prinzipiell der Erkenntnis entzieht. So HANS BLUMENBERG 1986: »(Aber) Theorien über den Ursprung von Mythen sind müßig. Hier gilt: *Ignorabimus*.«[99]

Wir werden in diesem Kapitel sehen, wie das erläuterte Verfahren der Mythenproduktion in einem der wichtigsten chinesischen Mythen zum Ausdruck kommt, dem Mythos von der großen Flut, und wie es offensichtlich ganz bewußt in den frühesten Zeugnissen der chinesischen Dichtkunst im »Buch der Lieder« angewandt wurde; wie sich daraus die Struktur eines mythischen Weltbildes ergab, in dem Himmel und Erde miteinander verkehrten; und wie schließlich auch noch die Entmythologisierung dieses Weltbildes in der Sprache des Mythos artikuliert wurde.

## *Die große Flut*

Mit ihren mytho-logischen Vorstellungen suchten die Menschen der Frühzeit vor allem anderen das elementarste Drama der irdischen Existenz zu erfassen, das es immer wieder zu bewältigen und zu überleben galt: den ewigen Wechsel zwischen den zwei Extremen Licht und Finsternis, Tag und Nacht, Sommer und Winter, Hitze und Kälte. Die Aufgabe, diesen Wechsel zu bewältigen und seine Bewältigung zu organisieren, war lebenswichtiger, d. h. evolutionslogisch fundamentaler, als zum Beispiel das Problem, wie man andere Stämme besiegt oder unterwirft.

Im »Buch der Dokumente« wird diese Aufgabe einmal als Frage formuliert und dann mit der Erzählung des Flutmythos und der Beschreibung eines ›Flut-Planes‹ (*hongfan*) beantwortet. Die Frage richtet der König an einen gewissen Jizi, der als ›Fürst von Ji‹ interpretiert wird, dessen Namen man aber auch wörtlich mit ›Meister Sieb‹ übersetzen kann. Sie lautet:

> *Oh Jizi! Der Himmel verdunkelt und erhebt das Volk hienieden und bringt seine Zustände wechselweise miteinander in Einklang. Ich weiß nicht, wodurch die Verhaltensregeln des Weltgefäßes ihre Ordnung gewinnen.*

Das ›Verdunkeln‹ und das ›Erheben‹ des ›Volkes hienieden‹ umschreibt den Wechsel von Nacht und Tag, wobei das Dunkel der Nacht in der mythologischen Verräumlichung der Erscheinungswelt zugleich als Vertiefung (Tal), die Helligkeit des Tages zugleich als Erhebung (Berg) ausgelegt wurde. Der Wechsel von Tag und Nacht ergab damit ein abwechselndes Heben und Senken, einen Atemrhythmus des Weltkörpers.

Die Verräumlichung der Erscheinungswelt im ganzen gewann auf diese Weise die Gestalt eines *Gefäßes* mit einer

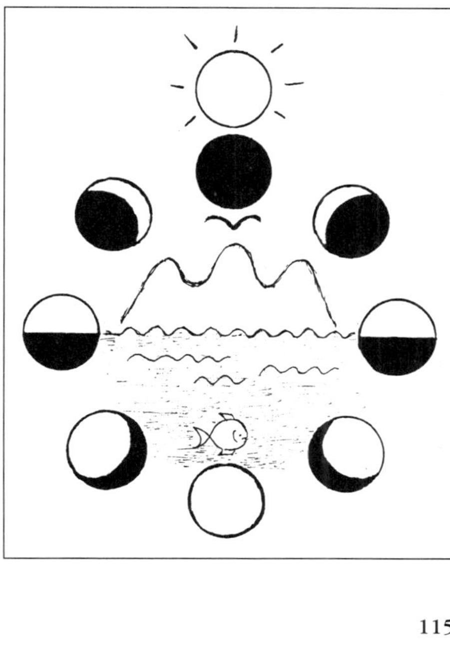

42 Die Grundvorstellung des mythischen Weltbildes im Flutmythos: Der Tag wurde als Berg ausgelegt, die Nacht als Wasser.

konkaven Innenseite und einer konvexen Außenseite. Wie schon gesagt, stellte man daher in der chinesischen Frühzeit mit großem technischen Aufwand Gefäße aus Bronze als symbolische Modelle des Weltganzen her. Das oben mit ›Weltgefäß‹ wiedergegebene Schriftzeichen (*yi*) bezeichnet ein solches Ritualgefäß und hat von daher auch die Bedeutung ›Weltordnung, dauerhafte Ordnung der Natur‹ angenommen.

Auch die älteste chinesische Weltvorstellung in einer ›rationalisierten‹ Form, das Gaitian-Weltbild, ist noch sichtlich an dieser Gefäßform orientiert. Es sieht aus wie eine umgestürzte, doppelwandige Schüssel, deren zwei Wände aus Himmel und Erde bestehen.[100]

Aber kehren wir zurück zu der oben zitierten Frage des Königs an Meister Sieb. Dieser antwortet mit einer kurzen Erzählung des Flutmythos:

> *Ich habe gehört, daß in alter Zeit Gun das Wasser zu einer großen Flut aufstaute und die Ordnung der Fünf Wandernden darin verschwimmen ließ (= verwirrte). Der Himmelskaiser war daraufhin aufgebracht und zornig und verweigerte ihm die neun Kategorien des Flut-Planes. Dadurch wurden die Verhaltensregeln des Weltgefäßes verdorben. Gun wurde dann zum Tode verurteilt, und Yu trat seine Nachfolge an. Der Himmel übergab dem Yu darauf die neun Kategorien des Flut-Planes, wodurch die Verhaltensregeln des Weltgefäßes ihre Ordnung erhielten.*[101]

Dies ist die konfuzianische Kurzfassung des Mythos, welche das Wesentliche mit der Übergabe des Flut-Planes, einer Zusammenstellung von neun Faustregeln für richtiges Regieren, praktisch auf einen Verwaltungsakt des Himmelskaisers reduziert. Mit Hilfe anderer Quellen können wir die Geschichte und ihren kosmischen Hintergrund aber sehr viel genauer rekonstruieren.[102]

Der Grundgedanke dabei war, daß die Nacht ein tiefes Tal sei, in dem sich das Wasser des glitzernden Sternenmeeres sammelte. Mit dem Anbruch des Tages, der sich als Berg aus dem Nachtmeer erhebt, flossen die Wasser ab. So bedeutete der Wechsel von Tag und Nacht eine rhythmische Hebung und Senkung der Wassermassen wie Ebbe und Flut. Mit dem Einbruch der Nacht bzw. mit dem Überhandnehmen der Nacht in der Winterzeit wurde die Welt immer wieder überschwemmt:

*Die Wassermassen stiegen zum Himmel empor, unermeßlich umwogten sie die Berge, überfluteten die Hügel. Das Volk hienieden versank in der finsteren Tiefe.*[103]

43 Bronzegefäß aus einem Grab in Anyang (Shang-Dynastie). Das Innere stellt das Nachtmeer dar, in dem sich die als gehörnte Drachen symbolisierten vier Mondphasen um den Weltenberg in der Mitte herumbewegen. Der Einsatz ist in der Tat drehbar, so daß zum Kreisen gebrachtes Wasser in der Schale die Drachen bewegen konnte. Der Weltenberg hat Löcher, die den Durchfluß zwischen Oberwelt und Unterwelt darstellen.

Wie konnte ein Ausweg aus dieser katastrophalen Lage gefunden werden? Die mythische Auslegung von Tag und Nacht als einen Wechsel von Trockenheit und Überschwemmung erforderte eine Bändigung der Wassermassen, die in der Herstellung eines Regulativs, einer ausgleichenden Vermittlung zwischen Land und Wasser, d. h. urbildlich zwischen Taghimmel und Nachthimmel bestehen mußte. Das natürliche Vorbild einer solchen Vermittlung aber war im Erscheinungsmuster des Himmels auf eine unmittelbar ›einleuchtende‹ Weise mit der Erscheinung des Mondes gegeben.

Daher treten in unserem Mythos zwei göttliche Gestalten auf, die durch ihre Taten als symbolische Verkleidungen des zunehmenden und des abnehmenden Mondes gekennzeichnet sind, nämlich Gun und Da Yu.

Zuerst wurde Gun vom Kaiser des Himmels mit der Aufgabe betraut, die Welt wieder in Ordnung zu bringen; denn der Palast des Himmelskaisers Shangdi ist die Sonne, aus der der Neumond nach der Konjunktion heraustritt und sich, zunehmend, auf den Weg in die Nacht hinein macht.

Eine Schildkröte und ein Falke brachten Gun dann bei, wie man Dämme baut. Das himmlische Urbild des Dammes ist der durch fortgesetztes Zunehmen schließlich hergestellte Vollmond, der mit seinem Erscheinungsbogen die ganze Nacht überspannt und ihre Dunkelheit mit seinem Licht ›eindämmt‹.

Auch setzt sich der Vollmond aus der rechten und der linken Mondhälfte zusammen: Die rechte Hälfte ist der zunehmende, in die Tiefe des Nachtmeeres tauchende Mond, den die Schildkröte darstellt, während die linke der abnehmende, in die Höhe des Taghimmels aufsteigende Mond ist, den der Falke symbolisiert. Für das Wasserproblem aber ist vor allem von Interesse, daß die zwei Mondhälften auch als die zwei Flügel eines *Tores* ausgelegt wurden, das sich wie eine Schleuse mit dem Vollmond schließt, so daß das Wasser aufgestaut wird, und mit dem Schwarzmond öffnet, so daß es abfließen kann. Gun war der Schließer.

Ferner deuteten sie den Mond als den *atmenden Stein* oder die *atmende Erde* des Himmelskaisers, die Gun diesem entwendet, um damit die Flut einzudämmen. Diese Substanz

44 Nachzeichnung einer Grabkeramik aus der Han-Zeit, die den sich aus dem Nachtmeer erhebenden Weltenberg darstellt. Der Deckel des Gefäßes mit Tieren des Tierkreises weist wiederum kleine Durchflußlöcher auf, die den Gräben und Kanälen des Da Yu im Flutmythos entsprechen.

hatte die wundersame Eigenschaft, sich auf Befehl immer weiter auszudehnen; denn sie symbolisiert den kleinen Neumond in Sonnennähe, d. h. in der Nähe des Himmelskaisers, der sich auf dessen ›Befehl‹ zum Vollmond aufbläst.

Wir verstehen nun auch, warum Gun die Ordnung der *Fünf Wandernden zum Verschwimmen brachte*, wie es in dem oben zitierten Text aus dem *Hongfan* heißt; denn die himmlischen Urbilder der Fünf Wandernden (meist als die ›Fünf Elemente‹ übersetzt) waren ja, wie schon gesagt wurde, die fünf mit bloßem Auge sichtbaren Wandelsterne oder Planeten, deren ›Ordnung‹ durch die aufgestauten Fluten naturgemäß ›verschwommen‹ erscheint, weil das helle Licht des Vollmondes, das der Dammbau des Gun symbolisiert, den Blick auf die Sterne trübt.

Überhaupt hielt sich der Erfolg des Gun in den Grenzen, die ihm die Naturgrundlage seiner mythologischen Existenz setzte: Je höher er seine Dämme baute, desto höher stieg auch die Flut; denn je höher die Erscheinungsbögen des Vollmondes werden, nämlich in der zweiten Hälfte des Jahres, desto länger werden auch die Nächte.

Außerdem war der Himmelskaiser über den Diebstahl des atmenden Steins erbost. Er forderte diesen zurück und zitier-

45 »Die innere Schau des kristallenen Glanzes, des reinen Lichtes und der leuchtenden Blumen«. Ein meditierender Taoist sitzt auf dem Weltenberg Kunlun, der sich aus dem Nachtmeer erhebt, und hat eine Vision. Dieser Sitzplatz stellt seine mystische Identifizierung mit dem Weltganzen dar.

te gleichzeitig den Gun hinauf auf den ›Flügelberg‹ (*yushan*): Der Vollmond muß wieder abnehmen, aus dem Nachtmeer hinaufwandern zur Sonne. Der Flügelberg ist eine Auslegung des Sonnenortes, der im Kreislauf des Mondes links und rechts von den zwei kleinen ›Flügelchen‹ der Altmondsichel und der Neumondsichel flankiert wird.

Dort, auf dem Flügelberg, ließ dann der Himmelskaiser Gun hinrichten: Der abnehmende Mond verschwindet, ›stirbt‹ schließlich in der Sonne. Bekanntlich bleibt er allmonatlich *drei* Tage lang verschwunden, um dann wieder zu erscheinen. Aus diesem Grund wird auch berichtet, daß die Leiche des Gun nicht ein oder zwei, sondern *drei* Jahre lang auf dem Flügelberg gelegen habe, ohne zu verwesen.

Dann wurde die Leiche mit einem Säbel aufgeschnitten, und heraus kam sein Sohn und Nachfolger Yu, der später ›Yu der Große‹ (Da Yu) genannt wurde. Sowohl der Säbel als auch der neugeborene Yu sind symbolische Verkleidungen der Neumondsichel. Gun aber hat sich in einen *gelben* Fisch verwandelt und in den *gelben* Fluß gestürzt: Die Neumondsichel erscheint im Westen, kurz nachdem die *gelbe* Sonne, in der sie verborgen gewesen war, untergeht. Der gelbe Fluß, in dem sie versinkt, ist wiederum eine Anspielung auf das gelbliche Funkeln der Sterne des Nachtmeeres, das sie u. a. auch als das *Reich der Gelben Quellen* (das Totenreich) auslegten.

Da Yu nun beschritt im Gegensatz zu seinem Vater den umgekehrten Weg: Er versuchte nicht, das Wasser einzudämmen, sondern bemühte sich darum, es abfließen zu lassen, indem er Gräben und Kanäle aushob:

*Yu durchmeißelte das Longmen (›Drachentor‹), durchdrang das Daxia (›Großer Sommer‹), öffnete den neun Flüssen einen Durchlaß, krümmte die neun Dämme, und ließ das aufgestaute Wasser abfließen ins Meer. Er hatte an Oberschenkeln und Unterschenkeln keine Haare, Hände und Füße waren schwielig und verhornt, Antlitz und Gesicht kohlschwarz.*[104]

Hier muß man zunächst wissen, daß auch der Mond keine Kugel ist, sondern ein halbkugeliges Gefäß, das uns abwechselnd seine Innenseite und seine Außenseite zuwendet; seine dunkle Seite bedeutet ein Tal, seine helle Seite einen Berg. Wenn also der Mond abnimmt und seine Schattenseite hervorkehrt, so verschwindet ein Berg, und es entsteht ein Tal, das sie in China auch als ›das Tal der Sonne‹ (*yanggu*) bezeichneten. Dieses Tal oder diese Höhlung erscheint immer größer, je näher der Mond an die Sonne herankommt, um schließlich, nur noch von einer ganz schmalen Altmondsichel umrandet, in der aufgehenden Sonne zu verschwinden: Da Yu gräbt einen immer tieferen Graben, und das Wasser fließt immer weiter ab; denn es wird ja immer heller, der Mond wandert immer weiter in die Tagzone hinein. Seine völlige Verschmelzung mit der Sonne war dann der Durchbruch, mit dem das ›Drachentor‹ sich öffnete.

Sowohl das Drachentor als auch die mit ›Großer Sommer‹ benannte Öffnung sind Namen für die als Durchlaß in die Nacht-Unterwelt ausgelegte Schattenseite des Mondes. Warum Großer Sommer? Weil es die Jahreszeit Sommer anzeigt, wenn die Erscheinung der Schattenseite mit der Sonne ihren höchsten Stand, d. h. ihre beherrschende Stellung im Jahreslauf erreicht. *Xia* (›Sommer‹) ist bezeichnenderweise auch der Name der ältesten chinesischen Dynastie, als deren Begründer Yu der Große in der historischen Auslegung des Mythos galt. *Daxia* (›Großer Sommer‹) aber soll ein fernes Land gewesen sein, das in anderen Texten[105] auch den Namen *Tuhuoluo* (›Feuerspeiende Seide‹) trägt: Aus der seidig schimmernden Schattenseite des Altmondes tritt in der Konjunktion scheinbar die Sonne hervor. Zugleich aber war dieses himmlische ›Sommerloch‹ der Durchlaß in die Unterwelt des Sternenozeans, durch den die Fluten, die bis zum Himmel gestiegen waren und die Sonne unter Wasser gesetzt hatten, nun abfließen konnten, so daß diese wieder zum Vorschein kam. Manche glaubten auch, daß die Sonne während ihrer Abwesenheit im Nachtmeer zu baden pflegt. Tatsächlich kann man ihr Bild noch heute in Gestalt des Vollmondes tief unten in den Fluten des Sternenozeans schimmern sehen.

Zugleich erklärt das zugrundeliegende Himmelsbild auch, warum Yu *die neun Dämme krümmte*. Die von Gun erbauten ›Dämme‹ haben wir schon als mythische Verkleidungen des Vollmondes, d. h. der Lichtseite, kennengelernt; und eben die Lichtseite des Mondes ist es, deren Erscheinung sich mit seinem Abnehmen immer mehr zur Sichel *krümmt*. Gleichzeitig kehrt sich die Hohlform der Schattenseite hervor, die dementsprechend als *neun Flüsse* ausgelegt wurde.

Warum aber krümmte er gerade *neun* Dämme und öffnete *neun* Flüssen den Durchlaß? Diese Zahlen haben hier keine quantitative, sondern eine qualitative Bedeutung. Wie wir schon bei der Betrachtung des Himmelsaltares gesehen haben, ist die Neun Kennzahl des Himmels, besonders der Einheit des Himmels (s. S. 72). Sie bedeutet zugleich die Mitte und die Ganzheit des achtteiligen Himmelsplanes der Trigramme und kennzeichnet damit die *diametrale* Wechselbeziehung zwischen allen seinen jeweiligen Gegenpolen, den vollständigen Austausch und Durchfluß ›quer durch die Mitte‹. Der Weltplan wurde auch durch eine Anordnung der Zahlen von 1 bis 9 dargestellt, die sogenannte »Schrift vom Fluß Luo« (*Luoshu*), bei der die Summe der sich gegenüberliegenden Zahlen immer das gleiche Ergebnis ergibt. (Abb. 46) Diese Schrift vom Fluß Luo soll dem Da Yu als Zeichnung auf dem Rücken einer Schildkröte offenbart worden sein, die aus dem Gelben Fluß auftauchte.

Wie schon HALOUN erkannte, geht der lunare Charakter des Mythos auch aus der Gestalt des Yu selbst hervor: Seine

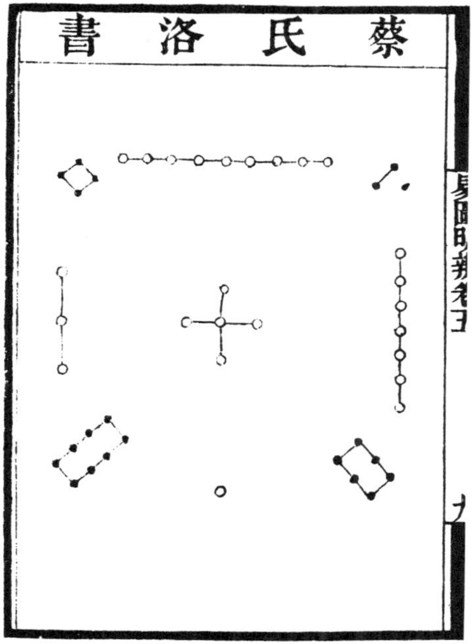


46 »Die Schrift vom Fluß Luo« (*Luoshu*), bei der die einander entgegengesetzten Zahlen zusammen immer 10 ergeben.

Haarlosigkeit ist ein Ausdruck der Lichtseite, die Behaarung der Schattenseite des Mondes.[106] In der oben gegebenen Darstellung wurde der Mondwandel im ganzen (Abb. 42) als die Gestalt des Yu ausgelegt. Der Dunkelmond oben in der Mitte ist sein kohlschwarzes Gesicht, während seine Gestalt in den zwei Reihen der linksseitigen und der rechtsseitigen Monde nach unten zu, an den Händen, den Ober- und Unterschenkeln, immer heller wird, wie es die Haarlosigkeit dieser Körperteile zum Ausdruck bringt. Um seine Behaartheit als Dunkelmond darzustellen, verwandelte sich in einer Version des Mythos der Yu auch in einen Bären.

Wenn wir die damit beschriebene Grundstruktur des Flutmythos als ganzes – und ohne die einseitige konfuzianische Parteinahme für den Yu – betrachten, so stellen Gun und Yu zwei entgegengesetzte Funktionen dar, mit denen die beiden

Extreme Tag und Nacht bzw. Flut und Trockenheit ausgeglichen werden. Gun, der zunehmende Mond, der sich in die Richtung der Schattenseite bewegt, ist die Yin-Funktion; Yu, der abnehmende Mond, der sich in die Richtung der Lichtseite bewegt, die Yang-Funktion. Gun dämmte das Wasser ein, wo es zu viel war, nämlich auf der überfluteten Nachtseite; Yu leitete es dorthin, wo es zu wenig war, nämlich auf die trockene Tagseite. So sehen wir Gun und Yu als die Erfinder der Bewässerungstechnik. Von daher verstehen wir auch den Sinn des Namens Jizi, ›Meister Sieb‹: Es ging um die Herstellung des wohldosierten Durchflusses.

Diese mythologische Bewässerungstechnik ist aber nicht nur als solche zu verstehen, sondern zugleich die paradigmatische Antwort auf die zitierte Frage des Königs im »Buch der Dokumente«. Sie bedeutete das Prinzip, mit dem der Himmel die entgegengesetzten Zustände ›wechselweise miteinander in Einklang bringt‹, und das ›die Verhaltensregeln des Weltgefäßes‹ bestimmt.

In dem folgenden Text aus dem *Dazhuan* wird das Prinzip dieser Denkweise nicht nur als die schöpferische Technik des Da Yu, sondern der Heiligen Menschen des Altertums überhaupt beschrieben. Dabei knüpft die Formulierung wiederum an das Vorstellungsmuster des Flutmythos an, wobei das Aufstauen des Wassers als ›das Schließen des Tores‹ erscheint, das Abfließenlassen als ›das Öffnen des Tores‹. Gun und Yu aber erscheinen hier mit den Namen der zwei homogenen Grundhexagramme des *Yijing,* als Kun und Qian.

*Indem sie es im Weg des Himmels erkannten, fanden sie es in den Verhältnissen der Menschen heraus. So schufen sie die göttlichen Dinge, um für die Bedürfnisse der Menschen vorzusorgen. Deshalb fasteten die Heiligen Menschen, um ihre Errungenschaften mit göttlicher Klarheit zu offenbaren:*

*So nannten sie das Schließen des Tores Kun, das Öffnen des Tores Qian. Einmal Schließen, einmal Öffnen, das nannten sie Wechsel. Daß das Gehen und Kommen nicht aufhört, nannten sie Durchgängigkeit. In der Erscheinung nannten sie es die Bilder. In der körperlichen Gestalt nannten sie es Gefäß. Seine Herstellung und seinen Gebrauch nannten sie Verfahrensweise. Seine nützliche Anwendung beim Aus- und Eingehen und seinen allgemeinen Gebrauch durch das Volk nannten sie die Gottheiten (das Bewußtsein).*[107]

Das ›Schließen des Tores‹ ist das Zunehmen des Mondes auf seinem Weg in die Nacht hinein. Auf diesem Weg folgt er der Richtung, in die die Schattenseite Kun weist. Das ›Öffnen des Tores‹ ist das Abnehmen des Mondes auf seinem Rückweg zur Sonne, wo er der Richtung der Lichtseite folgt. Kun und Qian werden damit in einem funktionalen Sinn als Bewegungs- oder Bedeutungs*richtungen* ausgelegt.

Das Begriffspaar ›Wechsel‹ und ›Durchgängigkeit‹ verstehen wir auf dem Hintergrund des Flutmythos unmittelbar: Der *Wechsel* ist der Mondwandel, der die zwei Extreme Tag und Nacht gegensteuert oder ausgleicht, und die *Durchgängigkeit* ist die dadurch hergestellte Ebene einer bleibenden Identität, d. h. praktisch der Überlebenserfolg. Evolutionslogisch handelt es sich um das Prinzip der *Anpassung* an die Wechselfälle der Umwelt. Die Wortverbindung *bian-tong* (›Wechsel und Durchgängigkeit‹) hat die lexikalische Bedeutung ›sich anpassen‹.

Die ›Bilder‹ sind die Erscheinungen des Himmels, insbesondere die ›Vier Bilder‹ (*sixiang*), d. h. die vier Erscheinungsphasen des Mondes. Der Ausdruck ›Gefäß‹ (*qi*), der auch Organ, Werkzeug und allgemein Funktion bedeutet, steht hier für die Konstitution der irdischen Wesen in ihrer körperlichen Beschaffenheit, die dem Vorbild des himmlischen Mond-Gefäßes nachgebildet ist. Die Herstellung solcher Nachbildungen schafft die ›Verfahrensweisen‹, wie zum Beispiel das Verfahren der Wasserregulierung im Flutmythos. Und da die ganze Welt ein Gefäß mit einer Innenseite (Nacht) und einer Außenseite (Tag) ist, liegt ›seine nützliche Anwendung im Aus- und Eingehen‹.

Am Schluß des Zitates aber wird gesagt, daß die Gebrauchsform des Ganzen für das Volk die ›Gottheiten‹ (*shen*) sind. Das Schriftzeichen kann auch ›Bewußtsein, Geist‹ bedeuten. Der Mythos, das System der Gottheiten, war die ›Regulierung‹ für das Bewußtsein des Volkes.

## *Die Dichtkunst der Schamanen*

Wir sind es heute gewohnt, die Mythen der Völker als überlieferte Vorstellungen oder Erzählungen über göttliche Wesen zu betrachten, an die die Menschen im Rahmen ihrer jeweiligen Religion ›glaubten‹. Diese Sicht der Sache im Sinn einer Glaubensreligion setzt freilich die vorgefertigte Existenz des Mythos schon voraus. Die ursprüngliche Entwicklung desselben durch die Assoziation aller Dinge mit den lunaren Himmelsbildern aber bildete, wie wir es bei der Betrachtung des *Yijing* gesehen haben, in einem durchaus funktionalen Sinn zugleich den methodischen Horizont der Sprachschöpfung. Die Sprache des Mythos war die fundamentale Entwicklungsschicht der Sprache, die Sprache *in statu nascendi*. Die Schöpfung der Mythen bedeutete *Dichtung* im ursprünglichsten Sinn des Wortes.

Daß das beschriebene Verfahren der Mythenschöpfung in der Tat auch als eine heitere und spielerische Form von Dichtkunst betrieben wurde, möchte ich im folgenden an zwei Liedgedichten aus dem »Buch der Lieder« zeigen. Dieses ist die älteste Gedichtsammlung Chinas, die Texte aus der Zeit zwischen dem 11. und dem 7. Jh. v. Chr. enthält. Es wird berichtet, daß die 305 überlieferten Gedichte dieser Anthologie von Konfuzius aus einer Anzahl von 4000 Texten ausgewählt worden sind. Natürlich traf er diese Auswahl nach den Prinzipien seiner Philosophie der Entmythologisierung. Gleichwohl ist die im erläuterten Sinn mythologische Machart der Gedichte immer wieder deutlich zu erkennen, wenn man sie unter dem Raster des kosmischen Grundmusters betrachtet.

Das folgende Gedicht trägt den Titel »Im Osten ist es noch nicht hell«:

*Im Osten ist es noch nicht hell*
*Verkehrt herum hat er die Kleider an*
*Das Innere nach außen*

*Umgekehrt, verkehrt herum*
*Und der Fürst läßt ihn rufen.*

*Im Osten ist es noch nicht hell*
*Verkehrt herum hat er die Kleider an*
*Das Äußere nach innen*
*Verkehrt herum, umgekehrt*
*Und der Fürst befiehlt ihn zu sich.*

*Er biegt die Weide als Zaun um den Garten*
*Der verwirrte Mann ist voller Angst*
*Die Nacht zum Morgen werden lassen kann er nicht*
*Wenn nicht vor Tagesanbruch, muß es Abend sein.*[108]

Natürlich wird hier nirgendwo ausdrücklich eine Korrelation zwischen Himmel und Menschenwelt behauptet; und doch ist das ganze Gedicht überdeutlich durch diese Korrelation strukturiert. Es handelt sich im formal strengen Sinn des Wortes um einen kleinen Mythos:

Schon mit dem ersten Satz wird der Bezug auf den Mond räumlich und zeitlich definiert: Der Blick ist nach Osten gerichtet, und es ist frühmorgens kurz vor Tagesanbruch. Wenn der Mond um diese Zeit im Osten steht, ist er am Ende seiner monatlichen Reise durch die Nacht angelangt und kehrt seine nur noch von einer schmalen Sichel umrandete Schattenseite hervor. Wenn er vor den ›Fürsten‹, d. h. vor die aufgehende Sonne treten muß, wird er in ihrem Licht nicht bestehen können, sondern dahinschwinden: »Die Nacht zum Morgen werden lassen kann er nicht. Wenn nicht vor Tagesanbruch, muß es Abend sein.«

Dies ist das Himmelsbild, nach dem die ganze Situation des ›verwirrten Mannes‹ in diesem Gedicht geschneidert ist. Die hervorgekehrte Schattenseite ist das innere oder Untergewand, das er außen trägt, über dem Obergewand, der darunter verschwundenen Lichtseite. Und die schlank um den Mondkörper geschwungene Sichel wird als die biegsame Weide gedeutet, die hier am morgendlichen Ufer des Nachtstromes wächst, und die er in seiner Verwirrung als schützenden Zaun um seinen Garten biegt.

Wie wir schon gesehen haben, ist die Auslegung der Lichtseite und der Schattenseite des Mondes als Obergewand und Untergewand auch im »Großen Kommentar« zum *Yijing* belegt, wo die Kleidungsstücke direkt durch die zwei Grundhexagramme Qian und Kun definiert werden, d. h. durch die zwei Mondaspekte (s. S. 66).

Als äußerst kunstvoll erweist sich der folgende Liedtext, in dem mehrere Auslegungen des Himmelsplanes ineinandergeschachtelt sind:

*Der Kranich ruft im Sumpf der Neun*
*Seine Stimme dringt in die Wildnis.*
*Der Fisch ist in die Tiefe getaucht*
*Oder weilt er bei der Insel?*
*Vergnüglich ist jener Garten,*
*Ein Sandelbaum ist dort gepflanzt,*
*Darunter liegt gefallenes Laub.*

*Aus dem Stein anderer Berge*
*Kann man einen Wetzstein machen.*

*Der Kranich ruft im Sumpf der Neun*
*Seine Stimme dringt zum Himmel*
*Der Fisch weilt bei der Insel.*
*Oder ist er in die Tiefe getaucht?*
*Vergnüglich ist jener Garten,*
*Ein Sandelbaum ist dort gepflanzt,*
*Darunter liegen Körner.*

*Mit dem Stein anderer Berge*
*Kann man Jade schleifen.*[109]

In der Architektur dieses Gedichtes haben wir das ganze Weltbild des Mythos in einer äußerst verdichteten Form:

Die ›Wildnis‹ und die ›Tiefe‹ stellen die Unterwelt dar, den Nachthimmel. Der *Himmel* und die *Insel* stellen die Oberwelt dar, den Taghimmel. Der Fisch ist der Mond, der zwischen Nachthimmel und Taghimmel hin und her wandert. Und dieses Hin und Her zwischen den zwei Extremen drückt auch

47 Die Auslegung des Mondwandels als Weltenbaum

der Ruf des Kranichs aus, der dem Fisch, wo immer er auch weilt, vom entgegengesetzten Pol des Kreislaufes aus zuruft. Zugleich ist der Bezug auf die diametrale Gegenphase wieder durch die Zahl *Neun* gekennzeichnet (›Sumpf der Neun‹), die die Einheit und Mitte des Himmels darstellt. Auch die zwei Fragen ›Oder weilt er bei der Insel?‹ und ›Oder ist er in die Tiefe getaucht?‹ stellen wieder diesen ergänzenden Wechselbezug auf den Gegenpol dar, hier im Rahmen des Gegensatzes von Neumond (›Bei der Insel‹) und Vollmond (›in der Tiefe‹).

Auf einer weiteren Ebene wird der Himmelsplan als ein *Garten* ausgelegt, in dem ein ›Sandelbaum‹ wächst. Dies ist das internationale mythologische Motiv des Weltenbaumes, der seine Wurzeln als Vollmond in der Tiefe und seine Krone als Sonne in der Höhe des Taghimmels hat (Abb. 47). Zugleich aber ist bedeutsam, was ›unter‹ dem Baum liegt, d. h. in der Zone des Nachthimmels, nämlich in der ersten Strophe ›gefallenes Laub‹ und in der zweiten Strophe ›Körner‹.

*Gefallenes Laub*: Die Blätter des Weltenbaumes stellen die Monde an den Zweigen dar, die in der Vollmondphase ›heruntergefallen‹ sind. Damit ist zugleich die rhetorische Frage beantwortet: Der Fisch ist nicht bei der Insel, sondern in die Tiefe getaucht. Die erste Strophe stellt die Vollmondphase dar.

*Körner*: Die Getreidekörner sind eine symbolische Verkleidung der Sterne. Die Sterne aber erstrahlen in der Neumondphase, wenn kein Mondlicht den Nachthimmel trübt. So wird auch hier die Frage beantwortet: Der Fisch ist nicht in die Tiefe getaucht, sondern weilt bei der Insel. Die zweite Strophe stellt die Neumondphase dar.

Zugleich bedeuten Vollmond und Neumond die Jahreszeiten des Winters, wo der Vollmond kulminiert, und des Sommers, wo der Neumond bzw. der Dunkelmond seinen höchsten Stand erreicht. Und diese kalendarische Amplitude des Gegensatzes drückt wiederum auch die Gestalt des ›Kranichs‹ aus, der nicht nur ein Bewohner des ›Sumpfes‹ ist, sondern als Zugvogel in sinnfälliger Weise den ›Ausgleich der Extreme‹ demonstriert: Im *kalten* Winter fliegt er in den *warmen* Süden, im *heißen* Sommer zieht er in den *kühlen* Norden; und der charakteristische Flugkeil der ziehenden Kraniche weist dabei wie ein Pfeil immer auf das Ziel ihrer Reise, den jeweiligen Gegenpol des Kreislaufes, wie es der Ruf des Kranichs in unserem Gedicht tut.

Schließlich haben wir noch eine weitere Ebene des Gedichts, wo an die Stelle des Weltenbaumes der ›Weltenberg‹ tritt, und die Monde das Gestein darstellen, aus dem er gebildet ist. Wir hatten den Mond ja auch schon als den ›atmenden Stein‹ des Himmelskaisers kennengelernt.

Hier drückt der unbekannte Dichter interessanterweise auch aus, daß es sich nicht um einen gewöhnlichen, körperlichen Berg handelt, sondern um den mythischen Weltenberg, um ein Gleichnis des Himmels: ›Aus dem Stein *anderer* Berge kann man einen Wetzstein machen‹ – aber aus dem Stein *dieses* Berges nicht.

Wenn wir diese Gedichte ohne Bezug auf das kosmische Muster betrachten, so bleibt uns ihr tieferer Sinn und Witz völlig verborgen, nämlich eben ihre ›Dichte‹, in der ›das Oben und das Unten zu Bedeutungen verknüpft‹ wurden –, auch wenn wir sie vordergründig mit Hilfe eines chinesischen Schriftzeichenlexikons entziffern können. Als es aber noch kein Lexikon, d. h. keine starr festgelegten Sprachkonventionen gab, war es allein das für alle gleich vorgegebene Ordnungsmuster der Himmelsbilder, dessen Projektion die Bedeutungsbezüge der Wortsymbole verbindlich definieren konnte. So fungierte die Dichtkunst der Schamanen als der sinngebende Bildungsmodus des sprachlichen Systems.

## *Der Verkehr zwischen Himmel und Erde*

Da der Mondwandel das Schlüsselphänomen für die Mythenschöpfung war, wurde er wie keine andere Naturerscheinung seit Urzeiten in unzählige symbolische Verkleidungen gehüllt. Obendrein wurde in der Entmythologisierungskampagne des KONFUZIUS bei der Kompilation der überlieferten Schriften gerade die eminent mytho-logische Rolle des Mondes als Vermittler zwischen Himmel und Erde nach Kräften durch Weglassungen, Umbenennungen und Umdeutungen verschleiert, d. h. tabuiert. Gleichwohl ist das charakteristische Doppelgesicht des Erleuchteten durch seine verschiedenen Maskierungen hindurch immer wieder zu erkennen.

Eine der wenigen Stellen, wo die Funktion des Mondes als Vermittler zwischen Himmel und Erde direkt ausgesprochen ist, finden wir in einer von den späteren Kommentatoren vielberätselten Passage des schon zitierten Flut-Planes im »Buch der Dokumente«:

> *Die Vielzahl des Volkes, das sind die Sterne. Manche Sterne lieben den Wind. Manche Sterne lieben den Regen. Durch den Gang von Sonne und Mond entstehen Winter und Sommer. Je nachdem, wie der Mond den Sternen folgt, gibt es Wind und Regen.*[110]

Die Analogsetzung zwischen Himmel und Menschenwelt ist hier geradezu als Gleichsetzung formuliert, was die Selbstverständlichkeit dieser Art von Korrelation unterstreicht: Die Vielzahl des Volkes, das sind die Sterne. Freilich kann man auch diese Aussage noch konfuzianisch-entmythologisiert übersetzen, indem man etwas ergänzt, was nicht dasteht: »(Was) das einfache Volk (prüft), sind die Sterne.«[111]

48 Ahnengeister im Sternbild Großer Bär. Relief aus einer Grabkammer der Han-Zeit ( 1. Jh. n. Chr.)

Einige Zeilen vor dieser Textstelle wird die Ordnung des Staates nach der Rhythmik des Himmels hierarchisch gegliedert: Der Zuständigkeitsbereich des Königs entspricht dem Jahreslauf, der Bereich der hohen Beamten den Monaten, und der Bereich der vielen niedrigen Bediensteten den Tagen. Diese Hierarchie der drei Rhythmen aber wurde naturgemäß zugleich als Ausdruck der Rangordnung der drei Himmelslichter Sonne (Jahr), Mond (Monat) und Sterne (Tage) verstanden. Und es ist klar, daß ›die Vielzahl des Volkes‹ hier den kleinsten und zugleich zahlreichsten Lichtern des Himmels entsprechen mußte.

Natürlich glaubte man nicht, daß die Sterne lebende Menschen seien. Vielmehr betrachtete man sie als die Geister der Ahnen, den Sternenhimmel als das Totenreich der ›Gelben Quellen‹. Die Ahnengeister waren jedoch keine unsterblichen Seelen, die nur von Ewigkeit zu Ewigkeit am Himmel flimmern. Sie hielten, wie Benjamin I. Schwartz es ausdrückt, »fortgesetzt eine organische Beziehung zu ihren lebenden Nachfahren aufrecht«[112]. In verschiedenen Gedichten des *Shijing* wird gesagt, daß die Geister der Ahnen ›auf und nieder steigen‹. Die ursprüngliche Vorstellung war zweifellos, daß sie zyklisch im Wechsel der Generationen *wiedergeboren* wurden.[113]

Es gab also einen regelrechten *Verkehr der Geister zwischen Himmel und Erde*, der praktisch Entstehen und Vergehen, Geburt und Tod regulierte. Als die Naturgrundlage dieses Verkehrs wurde der Erscheinungswandel des Mondes verstanden, der die himmlische Eigenart der Sterne als ›Wind‹ oder ›Regen‹ in die Menschenwelt überträgt: Wie ›die Vielzahl des Volkes‹ sich in Männlein und Weiblein untergliedert, so gibt es natürlich auch unter den Sternen bzw. den Ahnengeistern zwei dem entsprechende Arten: »Manche Sterne lieben den Wind. Manche Sterne lieben den Regen.« Und der himmlische Ausdruck dieser Zweiheit ist die Doppelnatur des Mondes mit seiner Lichtseite und seiner Schattenseite: »Je nach dem, wie der Mond den Sternen folgt, gibt es Wind und Regen.«

*Wind und Regen* ist zugleich eine Metapher für den Gegensatz der Geschlechter und eine symbolische Verkleidung der zwei Mondaspekte. So ist in dem Geschichtswerk *Zuozhuan*, das etwa aus dem 4. Jh. v. Chr. stammt, der ›Sechsfache Odem‹ (*liuqi*) des Himmels beschrieben, der aus den drei Gegensatzpaaren *Yin und Yang*, *Wind und Regen* sowie *Dunkelheit und Licht* besteht.[114] Darin ist unschwer wiederum die Hierarchie des Kalenderhimmels zu erkennen: Winter und Sommer (Yin und Yang), Neumond und Vollmond (Wind und Regen), Nacht und Tag (Dunkelheit und Licht).

Yin und Yang, deren vielleicht früheste Nennung als Gegensatzpaar wir hier vor uns haben, bedeuten dabei eigentlich Sonne und Mond; denn ›Sommer und Winter entstehen‹, wie es unser Text aus dem *Hongfan* sagt, ›durch den Gang von Sonne und Mond‹. Wie die Sonne den Sommer regiert, so regiert der Vollmond den Winter, weil er dann seinen Höchststand erreicht. Und ist nicht die verschneite Winterlandschaft sichtlich ein Ausdruck des weißen Mondlichtes?

Die folgende Passage aus dem Buch *Guanzi* (etwa 4. Jh. v. Chr.) beschreibt mit einer anderen Begrifflichkeit und in einer ausführlicheren Form wieder den gleichen Zusammenhang. Dabei treten an die Stelle der ›Vielzahl des Volkes‹ die ›fünf Arten von Körnerfrüchten‹, die ebenfalls mit den Sternen in Entsprechung gesetzt wurden. (Es gibt auch ein Gedicht im »Buch der Lieder«, wo ›die Schöpfung des Volkes‹ direkt in Parallele mit der Erfindung des Getreideanbaus gesetzt wird.[115]) An die Stelle von ›Wind und Regen‹ treten die zwei Arten von Ahnengeistern (*gui* und *shen*), die ich mit ›Geister‹ und ›Seelen‹ wiedergebe. Außerdem aber wird hier auch gesagt, *was* zwischen Himmel und Erde übertragen wird: nämlich die ›Samenessenzen‹ oder die ›Wesenskerne‹ (*jing*):

> *Die Samenessenzen jedweder Wesen, – das ist es, was das Leben erzeugt. Unten (d. h. auf der Erde) erzeugen sie die fünf Getreidesorten. Oben (d. h. im Himmel) sind sie die geordneten Sterne. Indem sie zwischen Himmel und Erde strömen, nennt man sie Geister und Seelen. Wo sie in der Brust gespeichert sind, nennt man sie Heilige Menschen. Darum ist der Lebensodem (qi) des Volkes (d. h. der Menschen) so: Wenn es hell wird, steigt er zum Himmel auf. Wenn es dunkel wird, taucht er in die Tiefe hinunter. Wenn er anschwillt, ist er wie das Meer. Wenn er sich klein macht, ist er wie das eigene Selbst.*[116]

Zunächst wird als Beispiel für die universale Natur der Samenessenzen die Analogie zwischen den ›fünf Getreidesorten‹ auf der Erde und den ›geordneten Sternen‹ am Himmel gezogen. Die unmittelbare Suggestion der Ähnlichkeit durch die Erscheinungen ist klar: gelbliche Samenkörner in der dunklen Erde, gelbliche Lichtpunkte am schwarzen Nachthimmel.

Des weiteren ist auch die Fünfzahl der Getreidesorten in der Analogie begründet; denn es gab fünf besondere Sterne unter den unzähligen Fixsternen, nämlich die fünf mit bloßem Auge sichtbaren Planeten oder Wandelsterne. Wie schon erwähnt, bildeten diese das himmlische Vorbild für das Ordnungsmuster der ›Fünf Wandernden‹ (*wuxing*), die unter anderem auch mit den fünf Elementen Wasser, Metall, Feuer, Holz und Erde gleichgesetzt wurden. Diesem Ordnungsmuster entsprechend war auch der Himmel in fünf himmlische ›Paläste‹ eingeteilt, nach denen die Sterne fünfheitlich ›geordnet‹ waren.[117]

49 »Die ›Fünf Wandernden‹ (*wuxing*) haben Audienz beim ›Großen Ursprung‹ (*yuan*)«, d. h. die fünf Planetengötter versammeln sich um den Vollmond. Taoistischer Holzdruck aus der Qing-Zeit.

Die zwei Mondaspekte, die zwischen Himmel und Erde vermitteln, sind als *Geister und Seelen* dargestellt. Diese Wesenheiten werden im »Buch der Riten« (*Liji*) folgendermaßen erklärt:

> *Zaiwo sagte: »Ich habe die Bezeichnungen ›Geister‹ und ›Seelen‹ gehört, weiß aber nicht, was sie bedeuten.« Der Meister (Konfuzius) antwortete:*
>
> *»Der Lebensodem ist die Fülle der Seelen. Der Schattengeist ist die Fülle der Geister. Geist und Seele miteinander zu vereinen, ist das höchste Ergebnis der Lehre. Alle Lebewesen müssen sterben. Was beim Tod in die Erde zurückkehrt, sind die Geister. Knochen und Fleisch vermodern in der Tiefe und verschwinden, indem sie zu Erde werden. Ihr Lebensodem aber steigt empor und wird zu strahlendem Licht.«*[118]

Der Text ist konfuzianisch, d. h. auf den Menschen bezogen. Jeder Mensch besteht aus diesen zwei Komponenten, einem Geist und einer Seele. Aber der ›Schattengeist‹ *(po)*, ›die Fülle der Geister‹, ist an anderer Stelle zugleich auch als ein Name für die Schattenseite des Mondes ausgewiesen, und sein Gegenbegriff lautet eigentlich ›Lichtgeist‹ (*hun*). Hier jedoch steht statt dessen als Gegenbegriff ›Lebensodem‹ (*qi*). Wir ersehen daraus den kosmischen Ursprung dieses wichtigen Begriffes, der den zirkulierenden Strom des Lebens bezeichnet: Er ist eine Substitution für den ›Lichtgeist‹, dessen kosmisches Urbild die helle Seite des Mondes war. Und so hatte ›der Lebensodem des Volkes‹ die charakteristische Bewegungsstruktur des Mondwandels zwischen Tag und Nacht, Oberwelt und Unterwelt: Auf der Nachtseite füllt er das Sternenmeer mit seinem Licht, auf der Tagseite schrumpft er in sich zusammen: »Wenn es hell wird, steigt er zum Himmel auf. Wenn es dunkel wird, taucht er in die Tiefe hinunter. Wenn er anschwillt, ist er wie das Meer. Wenn er sich klein macht, ist er wie das eigene Selbst.«

In einer Stelle des Buches *Huainanzi* werden ganz parallel zu den Geistern und Seelen auch Yin und Yang als die zwischen Himmel und Erde strömenden ›Samenessenzen‹ definiert, was ein weiteres Licht auf den mythologischen Stammbaum dieser zwei philosophischen Universalkategorien wirft:

> *Die miteinander verbundenen Samenessenzen von Himmel und Erde sind das Yin und das Yang. Indem Yin und Yang ihre Samen spezifizieren, bilden sie die vier Jahreszeiten. Indem die vier Jahreszeiten ihre Samen ausstreuen, entstehen die Zehntausend Wesen.*[119]

Damit wird zugleich erkennbar, wie der eminent *organische* Charakter dieses Weltbildes zu verstehen ist: Der Weltorganismus setzt sich zusammen aus Vater Himmel und Mutter Erde, und der urbildlich durch den Mondwandel vermittelte Verkehr zwischen Himmel und Erde ist ein permanenter kosmischer Geschlechtsakt, dem mikrokosmisch der biologische Verkehr der Geschlechter entspricht. Diese Parallele wurde vielfach auch ausdrücklich gezogen, wie zum Beispiel in der folgenden Stelle aus dem *Dazhuan*:

> *Indem Himmel und Erde sich miteinander verweben, werden die zehntausend Wesen in ihrer Urbildlichkeit ge-*

*schaffen. Indem das Männliche und das Weibliche ihre Samen vereinigen, erhalten die zehntausend Wesen ihr körperliches Leben.*[120]

In der Frühzeit scheint die durch den Mondwandel inspirierte Vorstellung einer Verbindung oder eines Verkehrs zwischen Himmel und Erde so dominant gewesen zu sein, daß sie die Konzeption des ganzen Weltbildes lunar bestimmte. Offenbar gab es ein Weltbild, in dem nicht ein Verkehr zwischen zwei räumlich getrennten Dimensionen stattfand, sondern Himmel und Erde zwei Aspekte ein und desselben Weltkörpers bildeten, der nur abwechselnd seine zwei Seiten hervorkehrt. So gab es in der Zeit der Streitenden Reiche einen für seine paradoxen Aussagen bekannten Philosophen namens HUISHI, der bei ZHUANGZI mit den Worten zitiert wird: »Wenn man alle Dinge umfassend liebt, sind Himmel und Erde ein einziger Körper.« Auch soll er gesagt haben: »Der Himmel ist genau so niedrig wie die Erde. Der Berg liegt auf gleicher Höhe wie der See.« Und in dem taoistischen Kompendium *Aotoutongshudaquan* lesen wir:

*Der Himmel bedeckt die Erde. Die Erde enthält den Himmel. Himmel und Erde stehen in Verbindung. Darum gibt es über dem Himmel eine Erde, und unter der Erde einen Himmel. Die Erhabene Mitte reguliert die Welt.*[121]

Diese scheinbar absurden Aussagen haben ihre eigene Logik. Offenbar handelt es sich um die ursprüngliche Struktur jenes schon erwähnten Gaitian-Weltbildes, in dem die Welt wie ein doppelwandiges Gefäß aus einer konkaven Innenseite und einer konvexen Außenseite zusammengesetzt ist. Wie wir im vorigen Kapitel gesehen haben, ergibt die Synthese dieser zwei Erscheinungsqualitäten in der binären Formulierung den Zusammenhang der Acht Trigramme. Fuxi, der Erfinder der Acht Trigramme, gilt daher zugleich auch als Schöpfer des gefäßförmigen Gaitian-Weltbildes.

In körperlicher, d. h. dreidimensionaler Form aber stellt sich die Synthese als ein Gefäß dar, dessen Innenwand und dessen Außenwand vollkommen fließend ineinander übergehen. Ein solches ›Gefäß‹ mit fließendem Übergang seiner zwei Wände hat die geometrische Struktur der oben schon erwähnten *Möbiusschen Fläche*, die man auch als *Möbius-Band* bezeichnet. (Abb. 50) Das Möbius-Band ist die paradoxe Form einer Wand, die nur eine Seite hat, und gleichwohl an jeder Stelle eine Kehrseite aufweist. Wenn die Bewegung des Kosmos der Struktur des Möbius-Bandes folgt, indem Himmel und Erde dessen zwei Kehrseiten darstellen, die aber zugleich nur eine einzige Fläche bilden, weil sie vollkommen fließend ineinander übergehen, so gelangt alles Irdische irgendwann in den Himmel und alles Himmlische auf die Erde, ohne daß ein Zwischenraum zwischen ihnen überbrückt werden müßte. Anders gesagt: Wenn man einen langen Gang in der Form des Möbius-Bandes bauen würde, so käme man beim Durchlaufen dieses Ganges wieder zum selben Punkt zurück, aber nicht auf dem Fußboden, sondern mit dem Kopf nach unten an der Decke – und zwar ohne die Wand berührt zu haben.

50 Darstellung des Möbius-Bandes von M. C. ESCHER

Wie ich an anderer Stelle gezeigt habe, läßt sich mit dem Möbius-Band auch die Entwicklung der 64 Hexagramme aus den Acht Trigrammen dreidimensional darstellen.[122] Es formuliert die urbildliche Grundstruktur der ›Erhabenen Mitte‹, in der alle Gegensätze sich aufheben, des ›dialektischen Widerspruches‹ zwischen Berg und Tal, Einheit und Zweiheit, Himmel und Erde, Yang und Yin.

Wenn wir an die Stelle von Yang und Yin die Begriffe *Sein* und *Nichts* setzen, so haben wir eine wunderbare Beschreibung dieser Struktur in der Definition des *Werdens* bei HEGEL:

*Was die Wahrheit ist, ist weder das Sein, noch das Nichts, sondern daß das Sein in Nichts, und das Nichts in Sein – nicht übergeht –, sondern übergegangen ist. Aber ebenso ist die Wahrheit nicht ihre Ununterschiedenheit, sondern daß sie nicht dasselbe, daß sie absolut unterschieden, aber ebenso ungetrennt und untrennbar sind und unmittelbar jedes in seinem Gegenteil verschwindet. Ihre Wahrheit ist also diese Bewegung des unmittelbaren Verschwindens des Einen in dem Anderen: das Werden; eine Bewegung, worin beide unterschieden sind, aber durch einen Unterschied, der sich ebenso unmittelbar aufgelöst hat.*[123]

Die Verwandtschaft zwischen der dialektischen Logik HEGELS und der chinesischen Yin-Yang-Philosophie ist in der Tat auffallend. NEEDHAM hält in diesem Zusammenhang sogar einen kulturgeschichtlichen Einfluß aus China für möglich. Er sieht HEGEL in einer Tradition, die über LOTZE, SCHELLING und HERDER auf LEIBNIZ zurückführt. LEIBNIZ aber hat Darstellungen des Yijing-Systems und Übersetzungen neokonfuzianischer Texte gekannt, die ihm von katholischen Missionaren aus China übersandt worden waren.[124]

## *Die Trennung von Himmel und Erde*

Nach diesen Betrachtungen können wir nun verstehen, wie auch das geistesgeschichtliche Programm der Entmythologisierung selbst zunächst noch in mytho-logischer Form als die vom Himmelskaiser befohlene Trennung von Himmel und Erde artikuliert wurde. Die klassische Textstelle im »Buch der Dokumente« dazu lautet:

*Dann beauftragte (der Himmelskaiser) Chong und Li, die Verbindung zwischen Erde und Himmel abzubrechen, damit das Herabsenden der Muster aufhört. Indem die göttlichen Wesen nun am Boden gefangen waren, halfen sie mit ihrem Licht bei der Klärung der alltäglichen Angelegenheiten, und die Witwer und Witwen (d. h. die alleinstehenden Männer und Frauen) waren nicht mehr ausgeschlossen.*[125]

Nach unseren Betrachtungen im vorigen Kapitel erkennen wir in dem Doppelwesen Chong-Li eine weitere mythische Verkleidung der Lichtseite und der Schattenseite des Mondes, deren Wechselverhalten in der erläuterten Weise das kosmische Urbild der Vermittlung zwischen Himmel und Erde darstellt. Dies kommt auch ganz klar in den Bedeutungen der zwei Schriftzeichen Chong und Li zum Ausdruck:

Das Schriftzeichen *chong* bedeutet sowohl ›schwer‹ (in der Lautung *zhong*) als auch ›doppelt‹. Dem entspricht das Bild des dicken Vollmondes, der aufgrund seiner ›Schwere‹ im tiefsten Punkt des mythischen Weltbildes erscheint. Auch wurde der Vollmond in vielen Mythen als ›gedoppelt‹ verstanden, d. h. als aus der linksseitigen und der rechtsseitigen Hälfte zusammengesetzt.

*Li* bedeutet ›schwarz‹, womit unmittelbar das Bild der Schattenseite bezeichnet ist. Außerdem aber findet sich in einem alten Kommentar zum *Shiji* auch noch die folgende Erklärung des Wortes, die an Deutlichkeit nichts zu wünschen übrig läßt: »Li ist wie Bi (= verbinden, vereinigen). Es bedeutet, in der Vereinigung das Licht des Himmels zu erreichen.«[126] Die ›Vereinigung‹ können wir auch mit ›Konjunktion‹ wiedergeben, und das ›Licht des Himmels‹ ist natürlich die Sonne, mit der sich der Mond in dem Moment ›vereinigt‹, wo seine schwarze Seite ganz hervorgekehrt ist. Ferner hat das Wort auch noch die Bedeutung ›Vielzahl‹, denn in der Dunkelmondphase erscheinen die Sterne, das himmlische Urbild der Vielzahl, ohne Trübung durch das Mondlicht in ihrer vollen Pracht und großen Zahl.

›Das Herabsenden der Muster‹ war die Projektion der Himmelsbilder auf die Menschenwelt, die sich auf der Erde in den Nachbildungen dieser Muster durch die symbolischen Formen der Mythen und Kulte manifestierten. Zugleich wurden die Himmelsbilder als göttliche Wesen ausgelegt, die nun in Gestalt der Kulturformen ›am Boden gefangen waren‹, weil ihnen der Rückweg in den Himmel abgeschnitten war. Die Abwendung von den Himmelsbildern bedeutete eine Profanisierung, d.h. eine Hinwendung zu den ›alltäglichen Angelegenheiten‹ der Menschen, bei deren Klärung sie von nun an ›mit ihrem Licht (*ming* = ›Erkenntnis‹) halfen‹: Es sollten keine neuen Sprachformen mehr geschaffen, d. h. vom Himmel ›bezogen‹ werden, sondern die bestehenden wurden in ihrer ›richtiggestellten‹ Form kanonisch fixiert, um mit feststehenden Bedeutungen praktisch auf der Erde angewandt zu werden. Dem entspricht die in den »Gesprächen« (*Lunyu*) überlieferte Haltung des KONFUZIUS:

*Die Lehre des Meisters über das Schrifttum kann man von ihm zu hören bekommen. Eine Lehre des Meisters über den Zusammenhang zwischen der Natur des Menschen und dem Weg des Himmels kann man nicht von ihm zu hören bekommen.«*[127]

Schließlich bleibt noch der letzte Satz aus unserem Zitat zu erklären: Da der Verkehr zwischen Himmel und Erde als Geschlechtsverkehr ausgelegt wurde, entsprach seinem Vorbild ein sexuell geprägtes Menschenbild, dessen Einheit nicht das Individuum, sondern das aus einem männlichen und einem weiblichen Teil gebildete Paar darstellte. Darum hatte die Trennung von Himmel und Erde den Effekt, daß ›die Witwer und Witwen nicht mehr ausgeschlossen waren‹, d. h., daß nun die Einzelperson zum Leitbild des Menschen wurde.

Die früheste Diskussion dieser Stelle findet sich in dem schon erwähnten Buch *Guoyu*, einer Art historischer Anekdotensammlung aus der späten Zhou-Zeit, die aber auch älteres Material enthält. Dort wird der Vorgang der Trennung von Himmel und Erde folgendermaßen spezifiziert:

*Zhuanxu* (ein mythischer Urkaiser, der hier für den Himmelsgott steht) *beauftragte den Chong als Richtigsteller des Südens, den Himmel zu überwachen, um die Zugehörigkeit der Geister festzulegen. Und er beauftragte den Li als Richtigsteller des Feuers, die Erde zu überwa-*

*chen, um die Zugehörigkeit der Menschen festzulegen. So bewirkten sie, daß diese (d. h. Geister und Menschen) sich wieder wie früher nicht mehr gegenseitig behelligten. Das bedeutet es, die Verbindung von Erde und Himmel zu unterbrechen.*[128]

Die Verbindung zwischen Himmel und Erde wird hier als eine zeitweise Störung dargestellt, mit deren Behebung ein früherer Zustand wiederhergestellt wurde. Vermutlich handelte es sich ursprünglich um ein periodisches, mit dem Mondrhythmus verkoppeltes Ritual, das erst im Lauf der Zeit zu einer dauernden Festlegung führte. Vor allem aber können wir dem Zitat entnehmen, wie die *kosmische Logik* der Unterbrechung des Verkehrs zwischen Himmel und Erde gedacht war:

Wenn man von der erläuterten Nickbewegung des Mond-Januskopfes als Vermittlungsstruktur zwischen Himmel und Erde ausgeht, so kann man keines der beiden Mondgesichter eindeutig dem Himmel oder der Erde zuordnen; denn auf der Nachtseite ist das dunkle Gesicht auf den Himmel gerichtet, auf der Tagseite das helle. Diese wechselweise Vermittlung wurde nun unterbunden, indem man allein Chong als Bewacher des Himmels einsetzte, und allein Li als Bewacher der Erde, um sie voneinander zu unterscheiden. Urbildlich aber bedeutete dies nichts anderes als die Fixierung der zwei Mondgesichter in der Konjunktionsstellung mit der Sonne; denn nur in dieser Stellung deutet die Lichtseite Chong genau hinauf in den Himmel und die Schattenseite Li genau herunter zur Erde. Das himmlische Leitbild der Trennung von Himmel und Erde war die Konjunktion, in der der Mond verschwunden ist.

Dem entsprechen auch die Titel, die dem Chong als ›Richtigsteller des Südens‹ und dem Li als ›Richtigsteller des Feuers‹ verliehen wurden. Das Schriftzeichen *zheng* mit der Bedeutung ›Richtigstellen, einstellen, genau richtig‹ ist selbst als ein Bild der Konjunktion entstanden, wie man an seinen archaischen Formen sehen kann[129]:

Variante K zeigt ein Möndchen (das zugleich ›Fußspur‹ bedeutet) genau unter, d. h. auf gleicher Linie mit der Sonne; Variante L zeigt die Sonne mit dem in die Konjunktion ein-

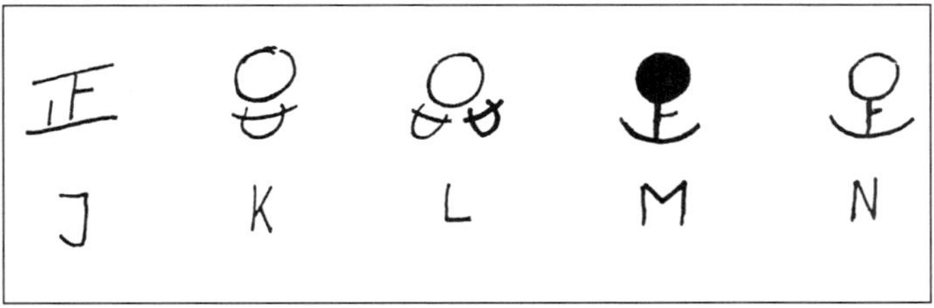


51 Archaische Varianten des Schriftzeichens *zheng* (›richtigstellen‹)

tretenden Mond rechts und dem heraustretenden Mond links; Variante M (Shang-Dynastie) zeigt den Schwarzmond über dem Zeichen ›Fuß‹, das den Durch-Gang des Mondes durch diese Phase darstellt; und Variante N (Zhou-Dynastie) zeigt dasselbe Bild der Konjunktion, aber nicht mit dem Schwarzmond, sondern mit der Sonne.

Der durch die Konjunktion definierte Sonnenort ist der höchste Punkt im Mondplan des Himmels und markiert die Himmelsrichtung *Süden*. Die Lichtseite des Mondes (Chong) ist in dieser Position genau senkrecht auf die Sonne, d. h. in den Himmel gerichtet. Zugleich aber ist die Sonne auch der kosmische Ort des *Feuers*, das die schwarze Seite (Li) ›richtigstellt‹. Sowohl ›Süden‹ als auch ›Feuer‹ markieren den Sonnenort.

So wurden Chong und Li hier mytho-logisch als die Lichtseite und die Schattenseite des Mondes in der Stellung der Konjunktion definiert, d. h. mit dieser Stellung ›beauftragt‹, um Himmel und Erde zu trennen. Die Welt wurde damit als Tagwelt bestimmt, als der urbildliche Horizont der ›Aufklärung‹, des realistischen, d. h. objektbezogenen Wachbewußtseins, wo das kosmische Urphänomen des ›Unbewußten‹, nämlich der Mondwandel, in einer unsichtbaren ›Immanenz‹ verschwunden ist.

Unsichtbar ist damit an dieser Stelle des Kreislaufes auch die lunare *coincidentia oppositorum*, die mit der sichtbaren Stellung des Schwarzmondes inmitten der Sonne gegeben wäre. So ist urbildlich in der Konjunktion das widerspruchsfreie Prinzip des Logos lokalisiert. Den Gegenpol dazu bildet die sichtbare Stellung des hellen Vollmondes in der Mitte des dunklen Nachthimmels, wo umgekehrt die Schattenseite auf den Himmel und die Lichtseite herunter auf die Erde gerichtet ist. Die darin repräsentierte lunare oder kontrapunktisch entgegensetzende Auslegung der Weltordnung wurde mit der Trennung von Himmel und Erde tabuiert, um so in der Sprache des Mythos die widerspruchsfreie Ebene des Logos zu etablieren.

Die Stellung der zwei Mondgesichter in der Vollmondphase wird als makaberes Gegenbild zu der Sage von Chong und Li durch einen alten chinesischen Volksglauben illustriert, der besagt, daß eine weibliche Wasserleiche mit dem Gesicht nach oben, eine männliche mit dem Gesicht nach unten schwimmt; denn die Nacht ist ja im mythischen Weltbild der Frühzeit ein tiefes Wasser, an dessen Oberfläche man die janusköpfige Mond-Leiche treiben sieht.[130]

# IV
# Das kosmische Menschenbild

Aus physikalischer Sicht ist die erläuterte Mytho-Logik des archaischen Weltbildes in China natürlich der nackte Aberglaube. In bezug auf die evolutive Eigengesetzlichkeit des organischen Lebens hingegen führte diese Denkweise, wie wir schon an der Isomorphie zwischen dem Yijing-System und dem DNA-Kode gesehen haben, zu Modellvorstellungen von bemerkenswerter theoretischer Aussagekraft. Das chinesische Denken ist in seinen charakteristischen Formen eine Philosophie des Subjekts, oder, mit NEEDHAM ein ›Organizismus‹. Sein Menschenbild ist kosmisch, d. h. in einem fundamentalen Sinn öko-logisch durch den Gedanken der Angepaßtheit an die Umwelt begründet. Dies gilt auf je eigene Weise sowohl für die taoistische Tradition, aus der u. a. das großartige System der chinesischen Medizin hervorgegangen ist, als auch für die auf das Staatswesen zugeschnittene Moralphilosophie der Konfuzianer. Wir werden in diesem Kapitel sehen, wie sich diese zwei grundlegenden Ausprägungen des chinesischen Menschenbildes in ihren Voraussetzungen unterscheiden und zugleich in einem übergreifenden Gesamtzusammenhang wiederum als eine Yin-Form und eine Yang-Form ergänzen.

## *Der Große Mensch*

Eine klassische Beschreibung des göttlichen Subjekts oder der kosmischen Konstitution des Idealmenschen finden wir im Kommentar *Wenyan* zum »Buch der Wandlungen«:

> *So aber ist der Große Mensch: Mit Himmel und Erde stimmt er überein in seiner Moral. Mit Sonne und Mond stimmt er überein in seinem Erkennen. Mit den vier Jahreszeiten stimmt er überein in seiner Ordnung. Mit den*

52 Das Ausgleichen des Yin und des Yang, die durch die Trigramme Kan und Li dargestellt sind. Die Beschriftung lautet: »Wenn das Bild von Kan kommt und es ergänzt, wird das Zeichen Li zu Qian. Die Bestimmung der Plätze von Himmel und Erde kehrt sich um und führt zum Ursprung zurück.«

*Geistern und Seelen stimmt er überein in seinem Heil und Unheil.*

*Er geht dem Himmel voraus, und der Himmel widerstrebt ihm nicht. Er folgt dem Himmel nach und empfängt die Zeiten des Himmels. Wenn ihm schon der Himmel nicht widerstrebt, wieviel weniger die Menschen! Wieviel weniger die Geister und Seelen!*

*Die Rede des Hochmütigen aber kennt nur das Fortschreiten und nicht den Rückzug, nur das Leben und nicht das Sterben, nur das Gewinnen und nicht das Verlieren.*

*Allein der Heilige kennt das Fortschreiten und den Rückzug, das Leben und das Sterben, ohne seine Korrektheit zu verlieren. Allein der Heilige!*[131]

Die Ebenbildlichkeit zwischen Mensch und Kosmos wird hier ganz direkt ausgedrückt. Dabei sind die kosmischen Gegensätze in der Konstitution des Menschen vollkommen gleichgewichtig vertreten. Insofern wir Yin und Yang als Weiblichkeit und Männlichkeit verstehen, ist der Große Mensch daher kein Individuum, sondern ein hermaphroditisches Paarwesen in vollkommener Harmonie. Das Ideal der Ausgewogenheit aller Gegensätze wurde jedoch auch auf das Leitbild des Individuums übertragen, das in diesem Text als der ›Heilige‹ (*shengren*) erscheint. Im Taoismus war es das Ideal des ›Wahren Menschen‹ (*zhenren*), der durch die vollkommene Identifizierung mit dem Kosmos die Unsterblichkeit erlangt hat.

Hinter dem scheinbar nur poetischen Gleichnis der Ebenbildlichkeit verbirgt sich eine sehr konkrete Vorstellung vom funktionalen Aufbau des lebenden Organismus. Dieser gliedert sich in zwei Grundfunktionen, die in unserem Text durch die Ausdrücke *dem Himmel vorausgehen,* und *dem Himmel nachfolgen* bezeichnet werden. Die formale Struktur dieser zwei Funktionen wurde in den beiden überlieferten Trigrammformeln gleichen Namens dargestellt (Abb. 36, 37). Die Formalität dieser zwei Trigrammzyklen habe ich schon an anderer Stelle ausführlich erläutert.[132] Ich beschränke mich hier auf eine Erklärung der darin enthaltenen urbildlichen Logik in der einfachsten Form, wie sie schon im Gegensatz der in Kapitel II besprochenen zwei Bilderzyklen (4I) und (4II) zum Ausdruck kommt (Abb. 31, 32).

Die zwei Funktionen bilden den Yin-Horizont (›dem Himmel nachfolgen‹) und den Yang-Horizont (›dem Himmel vorausgehen‹) des Subjekts. Das analogische Bedeutungsfeld ihres Gegensatzes umfaßt die Dimensionen Weiblichkeit und Männlichkeit, Innenwelt und Außenwelt, Sexualität und Individualität, Subjektivität und Objektivität, Passivität und Aktivität. Dabei ist jeder der zwei Horizonte so organisiert, daß darin die Bedeutungen von Yin und Yang im Verhältnis zum anderen umgekehrt definiert werden. Wir haben diesen Gegensinn der zwei Horizonte unter verschiedenen Aspekten schon als die *signifikantische* und die *signifikatische*, die *lunare* und die *solare*, die *entgegensetzende* und die *gleichsetzende* Auslegung der Polarität kennengelernt, wie sie sich aus dem Verhaltensmuster der Zwei Rituale ergaben. Zur Unterscheidung von der solaren Yin-Yang-Polarität bezeichnete man die lunare wie gesagt auch mit dem Begriffspaar ›Hart und Weich‹ (*rou-gang*). In der Verräumlichung wurde der lunare Horizont mit dem Gegensatz Rou-Gang zum ›Weg der Erde‹, der solare Horizont mit dem Gegensatz Yin-Yang zum ›Weg des Himmels‹ (s. S. 89). Der lunare Horizont ist die Dimension des Verkehrs zwischen Himmel und Erde, der solare die Dimension ihrer Geschiedenheit.

In ihrem Gegensinn verhalten sich die zwei Horizonte zueinander vollkommen komplementär wie die Formen von Berg und Tal (Abb. 33). Damit stellen sie die Struktur der *Paßform* dar, mit der sich der Subjekt-Organismus seiner Umwelt anpaßt. Wie die Logik dieser elementaren Anpassungsstrategie aussieht, können wir dem folgenden Text aus dem »Buch der Dokumente« entnehmen, wo die lunare Funktion als *Ausgleich der Extreme*, die solare als *Richtiges Bedeuten* erscheint. Der Gesamtzusammenhang wird jedoch als eine Dreiheit beschrieben, als ›der regulierende Gebrauch der Drei Tugenden‹:

> *Die erste (der Drei Tugenden) heißt: Richtiges Bedeuten. Die zweite heißt: harte Fähigkeit. Die dritte heißt: weiche Fähigkeit.*
>
> *Durch den Ausgleich der Extreme wird das Bedeuten richtiggestellt. Der gespannte Gegensatz ist mit der harten Fähigkeit befreundet. Die Verschmelzung ist mit der weichen Fähigkeit befreundet. In die Tiefe getaucht, ist es die harte Fähigkeit. Hoch oben im Licht ist es die weiche Fähigkeit.*[133]

Die Bandbreite der möglichen Auslegungen dieser Textstelle in bezug auf das menschliche Wesen ergibt sich aus den verschiedenen Bedeutungen der Begriffe ›Hart und Weich‹

*(gang-rou)*. In den taoistischen Büchern über Sexualkunde bedeuten sie das männliche und das weibliche Organ.[134] In der konfuzianischen Auslegung des obigen Textes, die wir im folgenden noch kennenlernen werden, sind sie als Härte und Milde bei den Regierungsgeschäften des Fürsten gedeutet worden.

Der ursprüngliche Sinn des hier formulierten Zusammenhanges erklärt sich jedoch aus der Naturgrundlage des kosmischen Grundmusters. Auf dem Hintergrund unserer Betrachtungen über das mythische Weltbild ist die Symbolik leicht zu durchschauen:

Der ›gespannte Gegensatz‹ ist die Opposition von Sonne und Mond, d. h. die Nachtphase im Zyklus des Mondes, wo dieser als Vollmond seine ›harte‹ Lichtseite zeigt. Die ›Verschmelzung‹ ist die Konjunktion der zwei Gestirne, d. h. die Tagphase des Zyklus, wo der Mond uns seine ›weiche‹ Schattenseite zuwendet. ›In die Tiefe getaucht‹ heißt natürlich wieder, daß er am Nachthimmel steht, ›hoch oben im Licht‹, daß er sich in Sonnennähe am Taghimmel befindet. Das Begriffspaar Hart und Weich ist durch diesen Kontext ganz eindeutig als ein Ausdruck für die zwei Mondaspekte definiert.

Was damit insgesamt hergestellt wird, ist der ›Ausgleich der Extreme‹ (*pingkang*), wie ihn das schon mehrfach zitierte Taiji-Symbol darstellt. Das Extrem der dunklen Nacht wird durch die ›Fähigkeit‹ der hellen Seite ausgeglichen, das Extrem des hellen Tages durch die der dunklen. Dieses kontrapunktisch ausgleichende oder gegensteuernde Prinzip der Monderscheinung, das wir u. a. schon in Kapitel I mit dem Mythos vom Kleiderwechsel kennengelernt haben (s. S. 66), stellt das kosmische Urphänomen der Anpassung an den Wandel der Zeiten dar. Was es bewirkt, ist die Herstellung einer sich durchhaltenden Identität, die den zerstörerischen Wechsel überbrückt und damit erst das Überdauern eines Wesens in der Zeit, d. h. überhaupt so etwas wie eine zeitliche Kontinuität ermöglicht.

Diese sich durchhaltende Identität, nämlich das ›richtige Bedeuten‹ *(zhengzhi)*, ergibt sich aus der entgegensetzenden Verdoppelung der Gegensätze nach dem Denkmuster ›Minus mal Minus gleich Plus‹: Genau dadurch, daß die zwei Mondgesichter subjektiv, d. h. von der Erde aus gesehen, im Wechsel von Tag und Nacht gegensinnig ausgetauscht werden, behalten sie objektiv, d. h. von der Sonne aus gesehen, ihre immer gleich ›richtige Bedeutung‹: Der Lichtgeist be-deutet immer die Sonne, der Schattengeist immer die Nacht. So wird eine meta-physische Ebene der Identität hergestellt, die dem dialektischen Widerspruch des subjektiven Wechselgetriebes als die widerspruchsfreie Dimension des *Seins* – das *Bewußt-Sein* – enthoben ist. Sie bedeutet praktisch die geistige, d. h. symbolische Überwindung der Erdgebundenheit und Einnahme eines quasi himmlischen Standpunktes. An anderer Stelle erscheint die Dreiheit der ›Tugenden‹ dementsprechend als die ›Drei Korrelate‹ (*sanhe*), nämlich der Odem des Yin, der Odem des Yang und der Odem des Himmels.[135] Bei den späteren Taoisten war die Triade Yin, Yang und Qi (›Odem, Lebenskraft‹) gebräuchlich.[136]

Der Ausgleich der Extreme und das Richtige Bedeuten sind die zwei grundlegenden Funktionen der archetypischen Existenz-Form, die wir im vorigen Kapitel auch schon in dem Begriffspaar *Wechsel und Durchgängigkeit* betrachtet haben (s. S. 124f.). Der Ausgleich der Extreme ist die Funktion, mit der der Große Mensch *dem Himmel nachfolgt*, d. h. das eigentliche Anpassungsverfahren. Das Richtige Bedeuten ist die Funktion, mit der der Große Mensch *dem Himmel vorangeht*, die sich immer weiter in die Zukunft fortsetzende Identitätsbestimmung, die urbildliche *Prä-dikation*.

Der Ausgleich der Extreme bildet den inneren oder subjektiven Horizont des Organismus, das Richtige Bedeuten den äußeren oder objektiven. In diesen zwei Horizonten nun haben Yin und Yang ihre zwei entgegengesetzte Bedeutungen: Im inneren Horizont ist Yang (›hart‹) der Nacht und Yin (›weich‹) dem Tag zugeordnet. Im äußeren Horizont definiert Yang den Tag und Yin die Nacht. Eben dieser Gegensatz der Bedeutungen strukturiert das beschriebene Funktionsprinzip: Die Gleichsetzung im äußeren Horizont definiert fortlaufend den Gegensatz von Tag und Nacht, d. h. den ›Weg‹ (*dao*), der aber nur im Modus der Entgegensetzung im inneren Horizont begangen werden kann (*de*), was wiederum die fortlaufende Definition oder Identität des äußeren

Horizontes erst ermöglicht. Daraus erklärt sich auch der paradoxe Charakter des taoistischen »Klassikers vom Weg und von der Tugend« (*Daodejing*) mit Aussagen wie: »Durch Nicht-Definieren (*wuwei*, innerer Horizont) bleibt nichts undefiniert (*wei*, äußerer Horizont).« (Dabei schließt das mit ›definieren‹ übersetzte Wort *wei* auch die praktische Bedeutung ›machen, zielbewußt handeln‹ ein.)

Wie wir im vorigen Kapitel gesehen haben, wurden die zwei umgekehrten Auslegungen durch die Konjunktionsstellung (*Richtiges Bedeuten*) und die Oppositionsstellung (*Ausgleich der Extreme*) der zwei Mondaspekte repräsentiert. Auf diesem Hintergrund können wir sie zum Beispiel auch in der Yin-yang-Theorie der chinesischen Medizin lokalisieren. Der Medizinklassiker *Huangdi neijing* definiert den Gegensatz folgendermaßen:

> *Das Mächtige Yang (*taiyang*) ist Offenheit.*
> *Das Licht des Yang (*yangming*) ist Geschlossenheit.*
> *Das junge Yang (*shaoyang*) ist Angelpunktartiges.*
>
> *Das Mächtige Yin (*taiyin*) ist Offenheit.*
> *Das Umgekehrte Yin (*jueyin*) ist Geschlossenheit.*
> *Das Junge Yin (*shaoyin*) ist Angelpunktartiges.*[137]

Im Zusammenhang mit dem Flutmythos haben wir im vorigen Kapitel die Auslegung des Mondwandels als ein abwechselndes Öffnen und Schließen des Himmelstores kennengelernt. Die Offenheit ist die Konjunktionsphase, die Geschlossenheit die Oppositionsphase. Wenn wir berücksichtigen, daß in der Verräumlichung des Himmelsplanes der Tag zum Oben und die Nacht zum Unten wird, so spiegeln diese Definitionen genau die erläuterte Struktur des dialektischen Anpassungsprinzips wider:

Das *Mächtige Yang* und das *Mächtige Yin* sind *Offenheit*: Sie definieren zusammen die Konjunktionsphase, wo die Yang-Seite des Januskopfes nach oben (= Tag), die Yin-Seite nach unten (= Nacht) deutet. Dies entspricht dem Richtigen Bedeuten des Außenhorizontes, der damit zugleich als die Tagphase des Kreislaufes bestimmt ist. Es ist die Festlegung des Unterschiedes von Himmel und Erde durch die zwei Weltordner Chong und Li, die wir im vorigen Kapitel betrachtet haben.

Das *Licht des Yang* und das *Umgekehrte Yin* hingegen sind *Geschlossenheit*: Sie definieren zusammen die Oppositionsphase, wo die Yang-Seite des Januskopfes nach unten (= Nacht), die Yin-Seite nach oben (= Tag) deutet. Dies entspricht dem ›Ausgleich der Extreme‹ des Innenhorizontes, welcher damit zugleich als die Nachtphase des Mondkreislaufes bestimmt ist.

Diese Deutung bestätigt auch der Kommentar des Zhang Jingyue aus der Ming-Zeit: »›Das Licht des Yang ist Geschlossenheit‹ besagt, es sammelt die Yang-Energie im Inneren an, entspricht von den drei Yang der Innenseite.« Und: »Das umgekehrte Yin ist Geschlossenheit, wohnt auf der Innenseite des dem Yin Zugehörigen.«[138]

Das ›Junge Yang‹ und das ›Junge Yin‹ schließlich entsprechen den zwei Halbmonden, die auf der Grenze zwischen Offenheit und Geschlossenheit stehen und ihnen daher nicht zugeordnet werden können, sondern die ›Angelpunkte‹ für das Öffnen und Schließen des Himmelstores im Wechsel zwischen den beiden Horizonten darstellen.

Die damit erläuterte ganzheitliche Konstruktion des Subjekts aus zwei gegensinnigen Bedeutungsaggregaten ist taoistisch gedacht. Sie entspricht der lunaren Erscheinungsstruktur des Wechselverkehrs zwischen Himmel und Erde. Die konfuzianische Philosophie hingegen kultivierte den solaren Außenhorizont, in dem die beiden Weltordner Chong und Li Himmel und Erde eindeutig voneinander unterscheiden. Der dialektische Gegensinn der zwei Horizonte, der ja den tragenden Unterbau der Konstruktion ausmacht, wird hier völlig zugunsten des ›Richtigen Bedeutens‹ (*zhengzhi*) verdrängt, die der entmythologisierenden ›Richtigstellung der Namen‹ (*zhengming*) entspricht.

Wir können dies sehr schön an der konfuzianischen Deutung des oben gegebenen Zitates aus dem »Buch der Dokumente« sehen. Dort verschwindet der in dem Begriff ›Ausgleich der Extreme‹ enthaltene Gegensinn völlig in der übertragenen Bedeutung ›Frieden‹, die zudem noch als ›die Friedlichen‹ personifiziert wird. Das *Richtige Bedeuten* aber wird zur Tugend der *Aufrichtigkeit*. Der ganze Zusammenhang ist dabei, charakteristisch für den Außenhorizont, auf die praktische Regierungsarbeit eines Fürsten bezogen. Ich zitiere die dem entsprechende Übersetzung des Textes von BERNHARD KARLGREN:

> *Die erste heißt Aufrichtigkeit (die genaue Bedeutung); die zweite heißt Vorrang der Härte; die dritte heißt Vorrang der Weichheit.*
>
> *Für (die Behandlung der) Friedlichen gibt es die Aufrichtigkeit (die genaue Bedeutung). Für (die Behandlung der) Gewaltsamen und Aggressiven hat Härte Vorrang; für (die Behandlung der) Zustimmenden und Freundlichen hat Weichheit den Vorrang. Für (die Behandlung) derer, die untergetaucht und versunken sind (d. h. in Wein und Vergnügungen), hat Härte den Vorrang, für (die Behandlung) derer, die hochstehend und (hell =) aufgeklärt sind, hat Weichheit den Vorrang.*[139]

Damit soll keineswegs behauptet werden, daß diese Übersetzung des schwedischen Sinologen KARLGREN etwa ›falsch‹ sei. Sie entspricht durchaus dem moralisierenden Geist der konfuzianischen Tradition. Der Text wurde zwar sicherlich nicht ursprünglich in dieser Tradition verfaßt, aber vermutlich nachträglich im Sinn der konfuzianischen Entmythologisierung redigiert. Dafür spricht u. a. die Voranstellung des Richtigen Bedeutens bzw. der Aufrichtigkeit vor die zwei anderen Funktionen. Aus der organischen Sicht des mythischen bzw. taoistischen Denkens würde man hingegen erwarten, daß diese Funktion als Resultat der zwei anderen an den Schluß gestellt wird.[140]

## *Die taoistische Sexualalchimie*

In der Dimension des menschlichen Wesens manifestieren sich Yin und Yang vor allem anderen als die Dualität der Geschlechter, als Weiblichkeit und Männlichkeit. Der Große

53 Aus einem chinesischen Handbuch der Liebeskunst (19. Jh.)

Mensch, das Ebenbild des Kosmos in seiner vollkommenen Ausgewogenheit der Gegensätze, war daher letztlich zweigeschlechtlich, kein Individuum, sondern ein Paarwesen. Seine ›Moral‹ (*de*), die ihn in Einklang mit Himmel und Erde brachte, bestand aus dem harmonischen Zusammenwirken des Weiblichen und des Männlichen in ihm. Dies war das im Grunde genommen sexuell gedachte Menschenbild der alten schamanistischen Himmels- und Fruchtbarkeitsreligion, das in der taoistischen Tradition als das Ideal des unsterblichen ›Wahren Menschen‹ (*zhenren*) fortlebte. Die vielfältigen Meditationspraktiken der Taoisten, die im Prinzip alle auf eine mystische *coincidentia oppositorum* in Gestalt des vollkommenen Ausgleichs von Yin und Yang abzielten, wurden ausdrücklicher als in anderen Mystiken als bewußte Sublimierung der Sexualität verstanden.[141] In der konkretesten Weise ist dies bei der sogenannten ›Yin-Yang-Kunst‹ (*yinyang zhi shu*) oder ›Kunst des Schlafzimmers‹ (*fangzhong zhi shu*) der Fall.[142]

Wie wir gesehen haben, bildet die Dialektik von Yin und Yang durch den Ausgleich der Extreme die Ebene einer sich durchhaltenden Identität, die wir uns als einen Energiestrom vorstellen können. Diesem entspricht der Begriff *qi* (›Odem, Atemstrom‹), d.h. jene Lebenskraft, deren kontinuierlicher Kreislauf die Grundlage allen Lebens ist. Die Kunst des Schlafzimmers war das natürlichste Mittel, um diese Lebenskraft zu erzeugen, zu pflegen und zu steigern.

Man konnte dieses Mittel gebrauchen, um neues Leben in Form von Nachkommen zu schaffen, oder aber auch, um sein eigenes Qi zu stärken und damit sein Leben zu verlängern. Letztere Zielsetzung wurde von den Taoisten durch eine meditative Form des Geschlechtsverkehrs mit der Technik des *coitus reservatus* verfolgt. Durch das Zurückhalten des Samens wurde das Qi zwar erzeugt, aber nicht nach außen zum Zweck der Fortpflanzung abgestoßen. Statt dessen konzentrierten sie sich darauf, die im Unterleib entstandene Energie durch die Wirbelsäule hinauf ins Gehirn zu leiten.

Es war eine Spezialität der Taoisten, innerorganische Vorgänge bewußt in ihrer Wesenseinheit mit dem kosmischen Weltgetriebe zu visionieren, um dadurch ihre Harmonie und Intensität zu stärken. Taoistische Meister konnten zum Beispiel geistig in ihrem Körper umherwandern und die Knochen zählen. Sie zählten 360 Stück, weil das annähernd der Tageszahl des Jahres entspricht. Einen Begriff davon, wie dieses Prinzip in bezug auf die besagte Sexualtechnik praktiziert wurde, können wir dem folgenden Text aus dem Werk eines taoistischen Arztes der Tang-Zeit entnehmen:

> *Der Klassiker der Unsterblichen sagt: 'Um lange zu leben, ohne alt zu werden, sollte ein Mann zuerst mit der Frau spielen. Er sollte den Jadesaft trinken, – das heißt, ihren Speichel schlucken. Dadurch wird die Leidenschaft sowohl des Mannes wie der Frau erregt. Dann sollte der Mann mit den Fingern der linken Hand (den Pingyi-Punkt) drücken. Er sollte sich vorstellen, daß sich in seinem Zinnoberfeld (d. h. im untersten Teil seines Unterleibes, drei Zoll unter dem Nabel) eine helle Essenz befindet, die innen gelb, außen rot und weiß ist. Dann sollte er sich vorstellen, wie diese Essenz sich in eine Sonne und einen Mond teilt, die sich in seinem Unterleib herumbewegen und dann hinaufsteigen zum Ni-huan-Punkt in seinem Gehirn, wo die zwei Hälften wieder vereinigt werden. Während dessen läßt er sein Glied tief eingetaucht in der Scheide der Frau ruhen, wobei er oben den Speichel der Frau aufnimmt, unten ihre Vaginalsekrete. Sowie er fühlt, daß sein Samen in Bewegung gerät und ausgestoßen werden soll, zieht er sein Glied schnell zurück. Jedoch können dies nur Adepten von großer Weisheit erreichen.'*
>
> *Das Zinnoberfeld liegt drei Zoll unter dem Nabel, der Nihuan-Punkt im Inneren des Kopfes gegenüber den zwei Augen. Man sollte sich vorstellen, er habe die Form von Sonne und Mond, die im Durchmesser drei Zoll groß und wie eine einzige Gestalt miteinander verbunden sind. Dies wird ›Sonne und Mond in Konjunktion‹ genannt...*[143]

Der Pingyi-Punkt, den der Adept drücken soll, ist ein Akupunkturpunkt oberhalb der rechten Brustwarze, dessen Stimulation als ejakulationshemmend galt. In anderen Sexualhandbüchern wurde empfohlen, zu diesem Zweck direkt auf die Harnröhre im Bereich der Peniswurzel zu drücken.[144]

Wenn wir die Symbolik der inneren Visionierung in diesem Text betrachten, so haben wir wieder das erläuterte

Schema des inneren oder lunaren Horizontes (Oppositionsphase) im Unterleib und des äußeren oder solaren Horizontes (Konjunktionsphase) im Gehirn:

Die ›Essenz‹ (*jing*) im Unterleib ist farbsymbolisch gekennzeichnet als die Triade Weiß und Rot (außen) und Gelb (innen). Die Farbe Weiß steht für die männliche Essenz (Samen), die Farbe Rot für die weibliche (Menstruationsblut = Ovum), so daß die zwei Farben kosmisch den zwei Mondgesichtern entsprechen. Diese sind im Nachthorizont dominant, d. h. ›außen‹, während das dritte Element, die ›gelbe‹ Farbe der Sonne, in ihrem Inneren verborgen ist. Die Sonne ist nämlich der gelbe Dotter im Inneren des Mondeies, aus dem, wenn es mit der Konjunktion zerbricht oder verbrennt, der Sonnenvogel ›Phönix‹ (*feng*) herausschlüpft. Auch gab es ja die mythische Vorstellung, daß das gelbe Licht der Sterne (die Samenkörner des Himmels) im Inneren des Mondgefäßes heraufgeschöpft wurde in den Taghimmel, um sich als Sonnenschein auf die Erde zu ergießen.

Zugleich wird die Idee der Oppositionsphase ausgedrückt, indem die Essenz sich ›in eine Sonne und einen Mond teilt‹, die sich im Unterleib herumbewegen. Indem die Sonne und der Mond dann ›hinaufsteigen‹ zum Gehirn, um sich dort zu vereinigen, wird die Konjunktionsphase symbolisiert, die das kosmische Paradigma des ›Oberbewußtseins‹ oder Außenhorizontes darstellt. Die triadische Struktur der ›Essenz‹ manifestierte sich dabei wiederum in der Dreizahl der Konjunktionstage. Auch der Prozeß des Hinaufwanderns selbst wurde dreistufig durch die drei Stufen *Jing* (›Essenz, Keim‹) – *Qi* (›Atemstrom‹) – *Shen* (›Bewußtsein‹) definiert.

Wie die Darstellung des taoistischen Menschenbildes in Abb. 54 zeigt, gab es jedoch auch die umgekehrte, wahrscheinlich ältere Tradition, bei der nicht die Konjunktion von Sonne und Mond, sondern der Vollmond im Gehirn lokalisiert wurde. Diese Auslegung des Organismus ist rein lunar formuliert und komplexer, drückt aber letztlich die gleiche Struktur aus.

Auf dem Bild umschließt der äußere Regelkreis der Mondphasen im Bauch des Modellmenschen noch einmal das Voll-

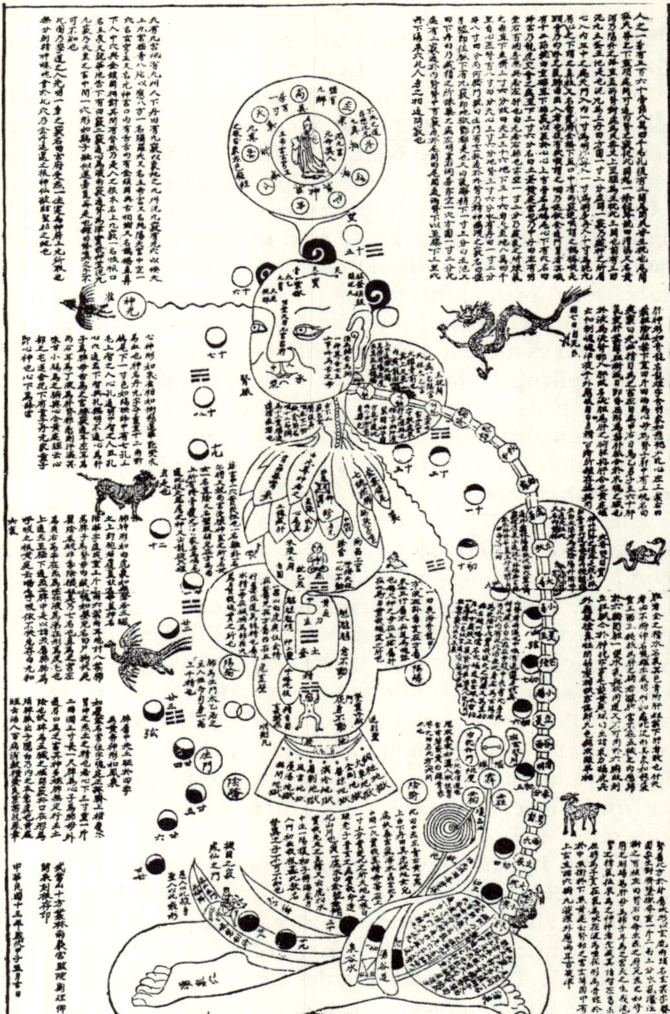

54 Darstellung des taoistischen Menschenbildes in einem Tempel in Wudangshan, Provinz Hubei

mondzeichen Qian, das zwischen Kan (unten) und Li (oben) steht. Kan wird als Jing, ›Essenz‹, bezeichnet, Li als Qi, ›Odem‹. Wie wir aus der Beschriftung in Abb. 52 ersehen, wird das Vollmondtrigramm Qian dadurch gebildet, daß Kan und Li sich zur Einheit ergänzen. Kan und Li aber bedeuten im Mondplan des Fuxi den abnehmenden und den zunehmenden Halbmond (Abb. 36): Das Bild des Vollmondes war der gegebene Ausdruck der sexuellen Vereinigung, weil sich darin der zunehmende oder rechtsseitige Halbmond (Kan = Bewegungsrichtung der Schattenseite = Yin) und der abnehmende oder linksseitige Halbmond (Li = Bewegungsrichtung der Lichtseite = Yang) zu einer runden Sache zusammenschließen. Die ›erotische Spannung‹ zwischen diesen zwei komplementären Gegensätzen links und rechts der Achse Vollmond - Schwarzmond durchzieht jedoch in der Waagerechten den ganzen Mondplan. Dieses Gleichgewicht der Gegensätze stellt der Vollmond im Bauch dar. Die Achse selbst aber, die Senkrechte, kennzeichnet die urbildliche Gleichung zwischen Vollmond und Sonne, die nicht die Vereinigung zweier Gegensätze bedeutet, sondern die Funktion einer einzigen durch die Gegensätze hindurch bestehenbleibenden Identität. Diese Identitätsebene repräsentiert der Vollmond im Gehirn. Er ist damit praktisch die symbolische Institutionalisierung der Sonne, die im Kreislauf wiederum den Ort der Konjunktion bedeutet, der reinen Identität, wo kein Zweites, kein Mond zu sehen ist, und erzeugt das ›Licht des Bewußtseins‹ *(shenguang)*, das man links als Vogel aus dem Kopf fliegen sieht.

Zum universalen Charakter der kosmischen Vision gehörte auch, daß der taoistische Adept sich bei seinen sexuellen Meditationen nicht auf eine bestimmte Partnerin beschränkte. Denn dies war langfristig dem Erfolg der Übung abträglich:

*Der Taoist vom Grünen Büffel sprach: 'Wenn ein Mann fortgesetzt die Frauen wechselt, mit denen er verkehrt, wird sein Nutzen davon groß sein. Wenn man in einer Nacht mit mehr als zehn Frauen kopulieren kann, ist es das Beste. Wenn man immer mit ein und der selben Frau kopuliert, wird ihre Lebensessenz allmählich schwächer werden, und am Ende wird sie nicht mehr in einem geeigneten Zustand sein, um dem Mann zu nützen. Außerdem wird die Frau selber davon ausgezehrt.*[145]

In den taoistischen Klöstern wurden daher auch sexuelle Orgien gefeiert. Und es gab Sekten, die sich durch Massenorgien in eine mystische Ekstase versetzten, durch die sie sich für unbesiegbar im Kampf wähnten. Die bekannteste dieser Sekten waren die sogenannten ›Gelben Turbane‹ (*huangjin*) in der späteren Han-Zeit, die im Jahr 184 n. Chr. mit einem aus Männern und Frauen gemischten Heer große Teile des Reiches eroberten, ehe sie von den kaiserlichen Generälen besiegt wurden.[146]

Die erwähnten Sexualpraktiken wurden aber nicht nur innerhalb solcher religiöser Sekten betrieben, sondern galten allgemein als ein erprobtes Mittel, die Gesundheit zu stärken, das Leben zu verlängern und manche Krankheiten zu heilen. Sie gehörten zum medizinischen Wissensgut. Um jedoch das taoistische Ideal der Unsterblichkeit, der vollkommenen mystischen Einheit mit dem Himmel zu erreichen, war die Kunst des Schlafzimmers allein nicht ausreichend. Aus der Weisheit der alten Schamanen waren dazu noch andere Mittel überliefert. Der taoistische Philosoph GE HONG (um 300 n. Chr.) schrieb dazu:

*Wenn die gewöhnlichen Leute hören, daß der Gelbe Kaiser (Huangdi) zum Himmel aufstieg, weil er (Verkehr mit) zwölfhundert Frauen hatte, so glauben sie, er habe allein dadurch das lange Leben (die Unsterblichkeit) erreicht. Sie wissen nicht, daß der Gelbe Kaiser erst auf einem Drachen reitend zum Himmel aufstieg, nachdem er unter dem Dornenberg auf dem Dreifußsee die neun fache Pille des Fliegens vollendet hatte. Der Gelbe Kaiser hatte wirklich zwölfhundert Frauen, aber das war nicht der einzige Grund für seinen Erfolg. Wenn man andererseits tausenderlei Arten von Drogen einnimmt und seine Drei Naturen nährt, aber nicht die Kunst des Schlafzimmers kennt, so führt das ebenfalls nicht weiter.*[147]

55 Eine Darstellung der taoistischen Sexualalchimie mit der Überschrift »Der Verkehr zwischen Drache und Tiger«. Der Text lautet: »Der weißgesichtige Knabe reitet den weißen Tiger, das grün gekleidete Mädchen sitzt auf dem grünen Drachen. Wenn Blei und Quecksilber sich im Kessel treffen, werden sie sofort darin verschmolzen.«

Den Gelben Kaiser (Huangdi) haben wir schon in der Triade der Himmelsgottheiten Huangdi, Yao und Shun kennengelernt, die ›abwechselnd ihre Unterkleider und ihre Oberkleider herabhangen ließen‹, was natürlich ebenfalls die erläuterte Struktur der Drei Tugenden umschreibt. Daher war Huangdi in der schamanistisch-taoistischen Tradition der Schutzgott der Schlafzimmerkunst. In diesem Zusammenhang erscheint die Triade auch in Gestalt von drei göttlichen Mädchen, die als Lehrmeisterinnen der Kunst auftreten: das *Weiße Mädchen Sunü*, das *Dunkle Mädchen Xuannü* und *das Erwählte Mädchen* (oder: *Bunte Mädchen*) *Cainü*.[148] Die Handbücher der Schlafzimmerkunst waren vielfach in der Form von Gesprächen zwischen dem Gelben Kaiser und

56 Vollmond und Schwarzmond, überschrieben links mit *taiyin* (›Vollmond‹) und rechts mit *taiyang* (›Sonne‹), d. h. die rein lunare Auslegung des Gegensatzes. Im Vollmond der Mondhase, der in einem Mörser die Droge der Unsterblichkeit zubereitet.

einer dieser Damen verfaßt. Es ist die gleiche Triade, die der Adept in seinem Unterleib als die dreiheitliche ›Essenz‹ aus den Farben Weiß, Rot und Gelb visioniert.

Im übrigen demonstriert uns der Text den engen Wesenszusammenhang zwischen der Sexualmystik und der Alchimie in der taoistischen Tradition. Die schamanistische Ekstasetechnik mit bewußtseinserweiternden Drogen hat sich hier im Mythos vom Lebenselixier, von der Droge der Unsterblichkeit niedergeschlagen. Manche sagten, diese sei ein magischer Pilz namens *zhi*. Andere nannten sie *jiudan*, ›die Pille der Neun‹, weil sie den Aufstieg zu den neun Bereichen des Himmels ermöglichte. Auch bezeichnete man sie als *feidan*, ›die Pille des Fliegens‹, die von schneeweißer Farbe war und den Körper so leicht machte, daß man sich in die Lüfte erhob. In unserem Text sind diese zwei Ausdrücke miteinander zur ›Neunfachen Pille des Fliegens‹, *feijiudan*, verknüpft.

Die Wirksamkeit dieser Wunderdroge ist nach demselben Grundmuster zu denken wie das Prinzip der Sexualität. Denn beide haben ihren kosmischen Ursprung im Mond. Dort wohnt nämlich bei den Chinesen nicht ein ›Mann im Mond‹, sondern ein mythischer Hase, der Mondhase, der in einem Mörser die Pille der Unsterblichkeit herstellt. (Abb. 56) Meister Lampe, ein übrigens auch im alten Ägypten als Mondgottheit verehrtes Tier, bedient sich dabei zugleich der Werkzeuge der Schlafzimmerkunst: Mörser und Stößel sind in der Alchimie die symbolischen Verkleidungen von Vagina und Penis.

Von daher erklärt sich die kosmische Symbolik in dem obigen Text: Der ›Dornenberg‹ ist der mythische Weltenberg, der den Taghimmel darstellt, der Olymp, auf dem das Sonnenfeuer brennt; die Dornen sind ein internationales Symbol für die Sonnenstrahlen, wie zum Beispiel als der ›brennende Dornbusch‹ oder die ›Dornenkrone‹ im jüdisch-christlichen Mythos. Der ›Dreifußsee‹ symbolisiert den Nachthimmel, d. h. die Dimension des sexuellen Innenhorizontes, wo die dreifache ›Essenz‹ entsteht. Der Dreifuß ist der Mörser des Mondhasen im Vollmond, und auch der Ort der Essenz im Unterleib, das Zinnoberfeld oder Pillenfeld *Dantian*, wurde meist als ein Dreifuß dargestellt (Abb.57). Die schneeweiße ›Flugpille‹ ist der Vollmond selbst, und

57 Der Lebensstrom, der vom Sexualzentrum mit dem Alchimistenkessel im Unterleib hinauf ins Gehirn führt.

auch der Drache, der den Huangdi hinaufträgt zum Himmel, ist der Mond, wie er abnehmend hinaufsteigt zum Sonnenort, welcher wiederum dem Nihuan-Punkt im Gehirn entspricht.

Die damit in einigen Beispielen angedeutete taoistische Mythologie, die u. a. auch einen umfangreichen Götterhimmel kannte, nach dessen Vorbild die innere Organisation des Körpers als ein göttliches Staatswesen ausgelegt und visualisiert wurde, hatte einen eminent praktischen Charakter. Durch ihre Verknüpfung mit konkreten Körperübungen und meditativen Ritualen unterschiedlichster Art war ihre Funktion durchaus technisch im Sinn eines spirituellen Knowhow. Alle diese Praktiken hatten das ›Nähren des Atems‹ (*yangqi*) zur Verlängerung des Lebens zum Ziel. Ihre aufbauende bzw. therapeutische Wirksamkeit, die man nicht unterschätzen sollte, beruhte wesentlich auf der Beteiligung des subjektiven Bewußtseins, der ›Einbildung‹. Hier behielt das mythische Denken in der unmittelbarsten Weise seine praktische Berechtigung: Im direkten Selbstbezug des Subjekts, seiner Versenkung in sich selbst, ist die rein subjektive Vorstellungswelt des Mythos diesseits aller objektivierenden Distanz das angemessene Medium – das Medium der Tiefenpsychologie.

## *Die konfuzianische Staatsphilosophie*

Als Kronzeugen für die konfuzianische Auslegung der Kategorien Yin und Yang wähle ich den Philosophen Dong Zhongshu (ca. 179-104 v. Chr.), in dessen Buch *Chunqiufanlu* (»Vielfacher Tau von Frühling und Herbst«) wir diese ausführlich formuliert finden. Dong Zhongshu galt als der bedeutendste Gelehrte seiner Zeit. Auf sein Betreiben und in seiner systematischen Interpretation wurde die Lehre des Konfuzius unter dem Kaiser Wu der Han-Dynastie als offizielle Staatsphilosophie des Kaiserreiches eingeführt.[149]

Freilich kann die im folgenden auch nur sehr verkürzt wiedergegebene Philosophie des Dong Zhongshu keinen Begriff von den vielfältigen Entwicklungen in der zweieinhalbtausend Jahre alten Geschichte des Konfuzianismus vermitteln. DONGS Interpretation des Begriffspaares Yin-Yang zeigt aber mit schöner Deutlichkeit die Grundhaltung der konfuzianischen Aufklärung gegenüber der schamanistisch-taoistischen Gegenposition, die als Feindbild in seinen Schriften immer wieder erkennbar wird.

Die Taoisten kultivierten die lunare oder entgegensetzende Auslegung von Yin und Yang, die als Ausgleich der Extreme auf eine permanente *coincidentia oppositorum* hinausläuft. Dieser innere Gegensinn, der im menschlichen Bereich vor allem als das Prinzip der Sexualität verstanden wurde, bedeutete einen Vorrang des doppelgesichtigen Yin-Horizontes, d. h. eine prinzipielle Gleichwertigkeit der Geschlechter. Insofern hat die taoistische Tradition eine matriarchale Grundstruktur. VAN GULIK hebt hervor, daß die Belange der Frauen bei den Taoisten im Gegensatz zu den Konfuzianern durchaus berücksichtigt wurden.[150] Im Konfuzianismus hingegen tritt an die Stelle dieser *heterarchischen* Beziehung von Yin und Yang ein *hierarchischer* Vorrang des Yang vor dem Yin, der eine betont patriarchale Grundhaltung ausdrückt. DONG ZHONGSHU definiert das Verhältnis Mann-Frau in Analogie zu den Beziehungen Fürst-Untertan und Vater-Sohn, mit denen er es zur Doktrin der ›Drei Bande‹ (*sangang*) zusammenfaßt. Hier ist nicht das biologische Verhältnis von Männlichkeit und Weiblichkeit, sondern das autoritär definierte Generationengefälle Alter-Jugend maßgeblich. Dem entspricht der ausgeprägt *pädagogische* Charakter des Konfuzianismus mit der zentralen Tugend der ›kindlichen Pietät‹ (*xiao*). Die konfuzianische Lehre ist vor allem als ein staatsphilosophisches Erziehungssystem zu verstehen.

DONGS patriarchale Grundhaltung zeigt sich zunächst schon darin, daß der Himmel als ›der Ur-Vater des Menschen‹ bezeichnet wird. In dem folgenden Abschnitt beschreibt er, wie sich der Himmel in der menschlichen Natur widerspiegelt:

*Das Geborenwerden kann nicht den Menschen schaffen. Der Schöpfer des Menschen ist der Himmel. Das Mensch-*

*sein des Menschen wurzelt im Himmel. So ist der Himmel des Menschen Urvater. Das ist der Grund, warum der Mensch von gleicher Art ist wie der Himmel droben.*

*Der Körper des Menschen bildet sich nach den Zahlenverhältnissen des Himmels. Im Lebenstrieb des Menschen zeigt sich der Wille des Himmels als Liebe. Mit dem moralischen Verhalten des Menschen zeigt sich das Ordnungsprinzip des Himmels als Gerechtigkeit. Zuneigung und Abneigung des Menschen sind Abwandlungen der Wärme und Kühle des Himmels. Freude und Zorn des Menschen sind Abwandlungen der Hitze und Kälte des Himmels. Das Schicksal des Menschen ist eine Abwandlung der vier Jahreszeiten des Himmels.*

*Im Leben des Menschen gibt es die Reaktionen von Heiterkeit und Zorn, Kummer und Freude. Die sind von der gleichen Art wie Frühling und Herbst, Winter und Sommer. Heiterkeit ist die Reaktion des Frühlings. Zorn ist die Reaktion des Herbstes. Freude ist die Reaktion des Sommers. Kummer ist die Reaktion des Winters.*

*Der Mensch ist das Duplikat des Himmels. Die Wesensart des Menschen leitet sich vom Himmel ab. Darum sagt man: Es ist der vom Himmel empfangene Befehl, der die Menschen beherrscht.*[151]

Die Struktur des Himmels ist dem Menschen immanent. Beide sind von gleicher Art, aus den gleichen Kategorien gebildet. Diese Analogie zwischen Mensch und Himmel bedeutete, daß sie in einem Verhältnis wechselweiser Resonanz standen. Der Mensch, und in exemplarischer Form vor allen anderen der Herrscher, mußte sich in seinem Verhalten der Ordnung des Himmels anpassen, wie es in den Vorschriften des rituellen Kalenders festgelegt war. Jede Abweichung davon erzeugte als Resonanz des Himmels Unregelmäßigkeiten im Ablauf der Jahreszeiten, die zu Dürre, Überschwemmungen und anderen Naturkatastrophen führen konnten.[152] Für das Moralsystem bedeutete dies insbesondere die entschiedene Ablehnung der unkontrollierten Emotionalität und exzessiven oder außergewöhnlichen Verhaltens jeder Art.

DONG beschreibt den Himmel nicht als sichtbare Erscheinungsordnung, sondern als ein allen Dingen immanentes Strukturmuster. Die Grundordnung dieses Strukturmusters aber wird durch die zwei kosmischen Kräfte Yin und Yang gebildet, die sozusagen als geheime Drahtzieher in allem wirksam sind. Dabei bestimmt er Yin und Yang nicht etwa als die konkreten Erscheinungen Schatten und Licht, sondern als zwei ›Atemströme‹ oder ›Äther‹ (*qi*), von denen ausdrücklich gesagt wird, daß man sie ›nicht sehen kann‹:

> *Zwischen Himmel und Erde gibt es die Äther des Yin und des Yang. Diese umfluten die Menschen ständig, wie das Wasser die Fische umflutet. Der Unterschied zwischen ihnen und dem Wasser besteht darin, daß man ihre Strömung im Gegensatz zur Bewegung des Wassers nicht sehen kann...«*[153]

Die Unsichtbarkeit der beiden weltordnenden Grundkräfte entspricht dem Urbild der Konjunktionsstellung des Mondes, mit der die zwei Weltordner Chong und Li Himmel und Erde eindeutig voneinander unterscheiden, und in der sie selbst zugleich unsichtbar sind. Der janusköpfige Weltordner wirkt hier gleichsam hinter den Kulissen. Damit wird die Dimension seiner konkreten Erscheinung am Himmel als Maßstab verneint und zugleich die abstrakte Immanenz des himmlischen Weltgesetzes im Wesen aller Dinge symbolisiert. DONG ZHONGSHU hatte dieses kosmische Leitbild der konfuzianischen Aufklärung zweifellos ganz bewußt vor Augen. Er demonstrierte es sogar in einer rituellen Form, indem er selbst bei der Unterweisung seiner Schüler hinter einem Vorhang saß, so daß diese ihn nicht sehen konnten.[154]

Im folgenden werden wir sehen, wie DONGS Interpretation von Yin und Yang in der Tat die urbildliche Struktur der Konjunktionsstellung widerspiegelt. Dabei sind neben der Unsichtbarkeit oder kategorialen Immanenz vor allem zwei Strukturmomente zu nennen:

**1** In der Konjunktionsstellung ist die Lichtseite des Mondes räumlich *oben*, die Schattenseite räumlich *unten*. Dem entspricht in Dongs Philosophie die entschiedene hierarchische Überordnung des Yang über das Yin.

**2** Da in der Konjunktionsphase kein Mond erscheint, läuft hier der Wechsel von Tag und Nacht widerspruchsfrei, d. h. ohne entgegensetzende Verdoppelung ab. Dem entspricht die Definition von Yin und Yang im Sinne der gleichsetzenden oder solaren Bedeutungsfunktion und das vielfach betonte Anliegen Dongs, deren Verhältnis *widerspruchsfrei*, d. h. ohne die lunare Struktur der *coincidentia oppositorum*, zu definieren.

In dem folgenden Abschnitt beschreibt Dong die Wirksamkeit von Yin und Yang als allen Dingen immanente Universalkategorien, die er ›Korrelate‹ *(he)* nennt:

*Alle Dinge haben ihre Korrelate. In der Korrelation gibt es immer ein Oben und immer ein Unten, immer ein Linkes und immer ein Rechtes, immer ein Vorne und immer ein Hinten, immer ein Außen und immer ein Innen. Wo es Schönheit gibt, gibt es auch Häßlichkeit, wo Folgsamkeit, da auch Widerspruch, wo Freude, da auch Zorn, wo Kälte, da auch Hitze, wo Tag, da auch Nacht. Das sind alles ihre Korrelate. Das Yin ist das Korrelat des Yang. Die Ehefrau ist das Korrelat des Mannes. Der Sohn ist das Korrelat des Vaters. Der Untertan ist das Korrelat des Fürsten.*

*Unter den Dingen gibt es keine, die kein Korrelat hätten, und in der Korrelation gibt es immer ein Yin und ein Yang. Yang ist mit Yin verbunden, Yin ist mit Yang verbunden. Der Mann ist mit der Frau verbunden, die Frau ist mit dem Mann verbunden. Der Vater ist mit dem Sohn verbunden, der Sohn ist mit dem Vater verbunden. Der Fürst ist mit dem Untertan verbunden, der Untertan ist mit dem Fürsten verbunden. Die Beziehungen von Fürst und Untertan, Vater und Sohn, Mann und Frau leiten sich alle vom Weg des Yin und Yang ab. Der Fürst ist Yang, der Untertan Yin. Der Vater ist Yang, der Sohn ist Yin. Der Mann ist Yang, die Frau ist Yin.*

*Auf dem Weg des Yin gibt es keinen Alleingang. Am Anfang kann es keine gesonderten Ziele verfolgen. Am Ende kann es keinen separaten Erfolg haben. Das ist der Sinn der Verbundenheit. Darum wirkt der Untertan in Einheit mit dem Fürsten. Der Sohn wirkt in Einheit mit dem Vater. Die Frau wirkt in Einheit mit dem Mann. Das Yin wirkt in Einheit mit dem Yang. Die Erde wirkt in Einheit mit dem Himmel. Das Emporheben (des Himmels) ist das Herunterdrücken (der Erde).*[155]

An anderer Stelle wird die Unterordnung des Yin bzw. der Vorrang des Yang zahlenmäßig ausgedrückt:

*Der Himmel bringt das Yang hervor und schafft Wärme. Dadurch zeugt er (die Wesen). Die Erde bringt das Yin hervor und schafft Kühlung. Dadurch stellt sie (die Wesen) fertig. Ohne Wärme keine Zeugung, ohne Kühlung kein Fertigstellen. Wenn man aber abschätzt, wie viel Anteile dabei jedem zukommen, dann zählt die Wärme und Hitze für Hundert, die Kühlung und Kälte nur für Eins.*[156]

Das Yang des Sonnen-Himmels bringt die Elemente durch seine Hitze in Bewegung, das Yin der Nacht-Erde läßt sie durch seine Kühle zur festen Form der Dinge gerinnen. Für den schöpferischen Weltprozeß sind beide Funktionen nötig, aber die Yang-Funktion wird dabei ungleich hochrangiger bewertet.

Auch beschreibt Dong das Verhältnis von Yin und Yang sehr genau in Form einer strukturalen Modellvorstellung des Weltorganismus. Diese stellt zeitlich die Dimension des Jahreslaufes dar, wobei den vier Jahreszeiten in bestimmter Weise zugleich die vier Himmelsrichtungen des Raumes zugeordnet werden. Der Winter entspricht dem Norden, der Sommer dem Süden. Was aber die Struktur dieses raumzeitlichen Kontinuums bildet, sind die Bewegungen der zwei unsichtbaren ›Äther‹ des Yin und des Yang. Der folgende Abschnitt beschreibt ihr Verhältnis im Jahreslauf unter dem Titel »Die Plätze des Yin und des Yang«:

*Der Yang-Äther tritt im Nordosten heraus und wandert nach Süden, um dort seinen Platz einzunehmen. Dann kreist er westwärts und geht nach innen ins Verborgene. Das ist seine Ruhestellung. Der Yin-Äther tritt im Südosten heraus und wandert nach Norden, um dort seinen Platz einzunehmen. Dann kreist er westwärts und tritt im Süden in die Verhüllung ein. Das ist seine Unterordnung. So hat das Yang im Süden seinen Platz, im Norden seine Ruhe. Das Yin hat im Norden seinen Platz, im Süden seine Unterordnung. Wenn das Yang seinen Platz einnimmt, gibt es große Hitze. Wenn das Yin seinen Platz einnimmt, gibt es große Kälte. Wenn das Yang seine Ruhestellung erreicht, wandelt es sich nach innen zur Erde. Wenn das Yin seine Unterordnung erreicht, vermeidet es die Macht in der unteren Position. Darum: Was im Sommer nach oben heraustretend wächst und sich im Winter nach unten hineinwendet, ist das Yang. Was im Sommer in das Bewachen des leeren Ortes unten eintritt und im Winter heraustritt, um den leeren Platz oben zu bewachen, ist das Yin. Das Yang tritt aus der Fülle hervor und kehrt in die Fülle ein. Das Yin tritt aus der Leere hervor und tritt in die Leere ein. Dem entspricht, daß der Himmel das Yang beauftragt, aber nicht das Yin; daß er die Tugend liebt, aber nicht die Strafjustiz. So treten Yin und Yang im Lauf des Jahres immer jedes einzeln hervor.*[157]

Dieser Text enthält die Korrelation mehrerer Vorstellungsebenen, deren Zusammenhang nicht auf den ersten Blick zu erkennen ist. Zunächst einmal werden Yin und Yang hier eindeutig im Sinn der solaren oder gleichsetzenden Bedeutungsfunktion definiert: Yin bedeutet den dunklen Winter, Yang den hellen Sommer. Diese Zuordnung wird betont hierarchisch begründet, indem immer das als der jeweilige Platzhalter bestimmend ist, was ›oben‹ steht. Das Grundmuster des Platzwechsels entspricht damit dem Verhältnis der Erscheinungsbögen von Vollmond und Sonne im Jahreslauf: Sonne und Vollmond steigen im Jahresrhythmus immer gegenläufig auf der Himmelsleiter hinauf und hinunter. Im Winter steht der Vollmond (Yin) hoch oben am Himmel, die Sonne (Yang) tief unten, im Sommer die Sonne (Yang) oben und der Vollmond (Yin) unten. Zugleich entspricht dies wiederum dem kosmischen Verhältnis der Zwei Rituale: Im Vollmond steht die Schattenseite des Januskopfes räumlich óben, und in der Sonne (d. h. in der Konjunktionsstellung) hat die Lichtseite die Oberhand. Signifikant ist bei dieser Auslegung, daß gerade immer die Seite dominant ist, die in der unmittelbaren Erscheinung von der Erde aus *nicht zu sehen* ist. DONG argumentiert damit direkt gegen die Struktur des subjektiven Anscheins und nimmt quasi einen darüber erhabenen metaphysischen Standpunkt ein.

Insgesamt aber ist das Yang, dem Himmelsbild der Konjunktion entsprechend, die ›höhere‹ Instanz. Yin ist nur der symbolische Stellvertreter des Yang, der bei dessen Abwesenheit seinen leeren Platz ›bewacht‹. Yang gewinnt damit die formallogische Funktion der Position, Yin die der Negation. Yang bedeutet das Seiende oder Wirkliche, die ›Fülle‹, Yin das Nichtseiende oder Unwirkliche, die ›Leere‹. Der Himmel nämlich, der als Gottheit in der Sonne wohnt, ›beauftragt‹ das Yang, aber nicht das Yin. In der Tat hat die Schattenseite des Mondes bekanntlich noch nie einen Sonnenstrahl abbekommen. Die Lichtseite hingegen empfängt ihren ›Auftrag‹ in der Konjunktion, die wir ja auch schon als das mythologische Motiv der Audienz beim Himmelskaiser kennengelernt haben.

Diesem Auftrag entspricht auch die ›Moral‹ oder ›Tugend‹ (*de*), die ›der Himmel liebt‹. VAN GULIK definiert den ursprünglichen Sinn des Begriffes als »magische Kraft« oder »Mana«.[158] Der dem Yin zugeordnete Gegenbegriff ist die ›Strafjustiz‹ (*xing*), die nur dort eingesetzt wird, wo die ›Tugend‹ fehlt. An anderer Stelle ordnet DONG parallel dazu dem Yang die ›Liebe‹ oder ›Menschlichkeit‹ (*ren*) zu, dem Yin die ›Habgier‹ (*tan*).[159] Die Strafjustiz, wörtlich ›die Körperstrafe‹, d. h. wohl ursprünglich rituelle Verstümmelungen im schamanistischen Kult, war die Regierungsform des Miao-Volkes, die mit der Trennung von Himmel und Erde abgeschafft wurde (s. S. 26). Das Leitbild dieses Mythos erklärt auch DONGS immer wieder betontes Anliegen, Yin und Yang *widerspruchsfrei* zu unterscheiden und die taoistische *coincidentia oppositorum* zu vermeiden. Darum sagt er am Ende des obigen Textes ausdrücklich, daß immer ›jedes einzeln‹ hervortritt, während das andere gleichzeitig ›in Ruhe‹ oder ›untergeordnet‹ ist. Moralisch wird damit zugleich die arbeitsteilige Trennung der Geschlechter im Gegensatz zur Struktur ihrer sexuellen Vereinigung betont.

Das so definierte Verhältnis von Yin und Yang entspricht praktisch der wechselnden Länge der Tage und Nächte im Jahreslauf. Aber Dong beschreibt dies nicht etwa als einen einfachen zeitlichen Abwechsel oder Kreislauf zwischen zwei Extremen, sondern als räumliche Bewegungen der zwei unsichtbaren Grundkräfte Yin und Yang, durch die dieser Kreislauf erst erzeugt wird. In dem folgenden Abschnitt betont er dabei zunächst wieder die widerspruchsfreie Unterscheidung von beiden, d. h. die logische »Trennung von Himmel und Erde«:

> *Der regelmäßige Weg des Himmels besteht aus zwei entgegengesetzten Wesen. Sie können sich nicht beide zugleich erheben. Daher spricht man (vom Himmel) als dem Einen. Daß er einheitlich und nicht zweiheitlich ist, darin besteht der Lauf des Himmels. Diese zwei einander entgegengesetzten Wesen sind das Yin und das Yang. Darum: Wenn sich das eine nach außen zeigt, zieht sich das*

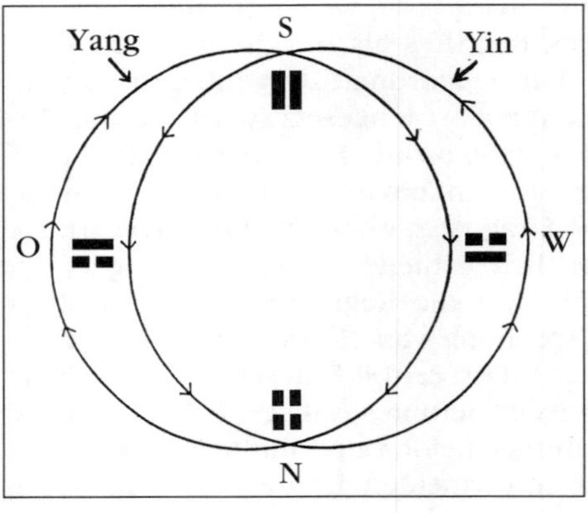


58 Die zeitlichen und räumlichen Bewegungen von Yin und Yang nach Dong Zhongshu

*andere nach innen zurück. Wenn das eine links ist, ist das andere rechts. Im Frühling bewegen sich beide nach Süden. Im Herbst bewegen sich beide nach Norden. Im Sommer treffen sich beide auf der Vorderseite. Im Winter treffen sich beide auf der Hinterseite. Sie wandern gleichzeitig, nehmen aber nicht den selben Weg. Wenn sie sich treffen, vertauschen sie die Rollen. Das ist ihre Struktur.*[160]

Diese rätselhaft anmutende Bewegungsstruktur beschreibt DONG an anderen Stellen noch sehr viel genauer.[161] Sie läßt sich in Form von zwei ineinandergreifenden Kreisbahnen darstellen (Abb. 58):

Auf diesen zwei Kreisbahnen bewegen sich Yin und Yang in entgegengesetzter Richtung. Dabei treffen sie sich zur Wintersonnenwende im Norden, zur Sommersonnenwende im Süden. Dazwischen gehen sie getrennte Wege: Im Frühling steht Yang im Osten, Yin im Westen, im Herbst Yin im Osten und Yang im Westen. Dabei ist wesentlich, daß Yang immer stärker wird, je mehr es sich dem Südpunkt des Sommers nähert, während Yin gleichzeitig immer schwächer wird. Und Yin wird immer stärker, je mehr es sich dem Nordpunkt des Winters nähert, während Yang gleichzeitig immer schwächer wird. In dieser Hinsicht vertauschen sie an den zwei Treffpunkten jeweils ihre Rollen. Dadurch widersprechen sie sich nicht, denn jedes ist nur dann im Vormarsch, wenn sich das andere zugleich im Rückzug befindet.

Zu was für einer Form aber gelangen wir, wenn wir uns dieses Bewegungsmuster in einem räumlichen Gebilde denken, das im Süden eine ›Vorderseite‹, im Norden eine ›Rückseite‹ hat? Wir gelangen dann zwangsläufig wieder zur geometrischen Form des *Möbiusschen Bandes*, das die Synthese der konvexen (Süden, Vorderseite) und der konkaven (Norden, Rückseite) Gestalt darstellt. Die besagte Bewegungsstruktur wird nämlich genau dadurch definiert, daß man Yin und Yang als zwei Punkte ansetzt, die sich auf einem Möbiusschen Band in gegenläufiger Richtung bewegen: Sie begegnen sich im Winter auf derselben Seite des Bandes, wo es konkav ist, im Tal. Sie begegnen sich im Frühling kehrseitig, d. h. durch die Wand des Bandes getrennt. Im Sommer treffen sie sich wieder auf derselben Seite, aber wo sie konvex ist, auf dem Berg. Und im Herbst treffen sie sich wie im Frühling, aber mit vertauschten Rollen, wieder kehrseitig.

Wir haben in Kapitel II gesehen, wie die Form des Möbiusschen Bandes der Synthese des lunaren und des solaren Erscheinungshorizontes in Gestalt des ursprünglichen Zusammenhanges der Acht Trigramme entspricht. Das kosmische Urbild dieser Synthese aber war wiederum die Konjunktion von Sonne und Mond, deren innerer Sinn damit - in der solaren Auslegung - auf den Jahreslauf projiziert wurde. In der Tat formuliert DONG die Struktur des Trigrammzusammenhanges auch durch die entsprechende Zuordnung der Vier Bilder zum Jahreslauf::

> *Das Junge Yang (*shaoyang*) folgt dem Holz und hilft damit der zeugenden Funktion des Frühlings. Das Große Yang (*taiyang*) folgt dem Feuer und hilft damit der nährenden Funktion des Sommers. Das Junge Yin (*shaoyin*) folgt dem Metall und hilft damit der vollendenden Funktion des Herbstes. Das Große Yin (taiyin) folgt dem Wasser und hilft damit der speichernden Funktion des Winters.*[162]

Die zwei Halbbilder markieren jeweils die Phase der Kehrseitigkeit. Dabei ist im Frühling die Yang-Lesung des Halbbildes maßgeblich (Junges Yang), im Herbst die Yin-Lesung (Junges Yin). Zugleich werden den Jahreszeiten hier auch vier Elemente der Fünf Wandernden (*wuxing*) zugeordnet, deren Symbolik ursprünglich der Fünfzahl der sichtbaren Planeten entlehnt war. Das fünfte Element ›Erde‹ wurde dabei als Mittelpunkt des Kreislaufes gedacht.

DONG beschränkt sich bei seiner kosmischen Argumentation ganz auf den Jahreslauf, d. h. auf den Weg des Himmels, die Himmelsbahn der Sonne. Aber man sieht, wie er dabei gleichwohl mit seinem Ansatz der zwei Regulatoren Yin und Yang der Struktur des lunaren Grundmusters in Form einer verräumlichten Projektion als Darstellungsmedium verhaftet bleibt. Nur an eine Stelle wird der Mondwandel mit dem Motiv der Konjunktion direkt erwähnt, um die Unterdrückung des Yin durch das Yang zu illustrieren:

> *Der Himmel hat die Beschränkungen des Yin und Yang. Der Mensch hat die Beherrschung seiner Gefühle und Wünsche. Darin gleicht er dem Weg des Himmels. Darum darf der Lauf des Yin nicht Frühling und Sommer bestimmen, und die (auf der Tag- bzw. Sommerseite des Kreislaufs erscheinende) Schattenseite des Mondes wird regelmäßig vom Licht der Sonne verdeckt – manchmal vollständig, manchmal teilweise. In dieser Weise beschränkt der Himmel das Yin.*[163]

Gleichwohl bleibt diese Beschränkung bei aller moralischen Vorrangigkeit des Yang auch bei Dong im Rahmen eines formal gleichgewichtigen Ordnungsmusters, das die vollkommene Ausgewogenheit des kosmischen Kreislaufes widerspiegelt. Das Yang wird nicht monotheistisch verabsolutiert. Der klassische chinesische Begriff für das Absolute war *taiji*,

59 Die Figur des himmlischen Dachstuhls mit der senkrechten Achse als ›Großer Firstbalken‹ (*taiji*) ergibt das Schriftzeichen 王 (*wang*, ›König‹; s. auch Abb. 37)

was man abstrakt als ›Erhabenes Höchstes‹ oder ›Absolute Mitte‹ wiedergeben kann. Wörtlich aber bedeutet der Ausdruck ›Großer Firstbalken‹. Er stammt aus der Mythologie des Hauses, die sich unter anderem schon in der Hausförmigkeit mancher Bronzegefäße der Shang-Zeit ausdrückt. Dabei wurde der Himmel als das Dach des Welthauses ausgelegt. Der Große Firstbalken aber war die Achse Vollmond – Schwarzmond, die den Himmelsplan in zwei gleich große Hälften teilt, und zu deren zwei Seiten sich die himmlischen Dachziegel, nämlich die rechtsseitigen und die linksseitigen Mondbilder, die Yin-Formen und die Yang-Formen, in einer vollkommen symmetrischen Ausgewogenheit der Gegensätze die Waage halten.

Wenn wir dieses Schema eines himmlischen Dachstuhls in den Mondplan einzeichnen, so ergibt sich wiederum die Gestalt des Schriftzeichens 王 (*wang*, ›König‹), das Symbol für die kosmisch begründete Regierungskunst des weisen Ur-Königs Fuxi (Abb. 59).

# Anmerkungen

## *Einführung*

1 NEEDHAM, 1956: 281
2 DE GROOT, 1918
3 *Dazhuan*, A IV
4 NEEDHAM, 1956: 273
5 *Huainanzi*, Kap. 7
6 Übersetzung DIELS, 1934
7 ELIADE, 1951
8 Übersetzung CAPELLE, 1935
9 z. B. in der oben zitierten Übersetzung von CAPELLE
10 LOVELOCK, 1979
11 PANKENIER, 1990: 13
12 SCHWARTZ, 1985: 350ff.
13 ROBINET, 1979: 30
14 K. C. CHANG, 1976: 171
15 *Dazhuan*, A III
16 *Shijing*, LEGGE: 598
17 KARLGREN, 1940, Nr. 760, 762
18 *Guoyu*, Kap. 18: 1a
19 K. C. CHANG, 1983, zitiert in PANKENIER, 1990: 11
20 ZHANG XUECHENG, 1956, Kap. *Yijiao* 3
21 K. C. CHANG, 1976: 159f.
22 *Shangshu*, LEGGE: 593
23 MASPERO, 1924: 97f.
24 *Lunyu*, Buch V, 12, LEGGE: 177f.
25 Übersetzung KARLGREN, 1950: 249
26 *Zhongyong*, LEGGE: 383
27 PANKENIER, 1983: 20
28 VANDERMEERSCH II, 1980: 477; s. auch LAGERWEY, 1985
29 ROBINET, 1979: 30
30 VANDERMEERSCH II, 1980: 473ff.
31 VANDERMEERSCH II, 1980: 479
32 s. hierzu LAGERWEY 1985
33 LAOZI, Kap. 1; mit dieser Übersetzung folge ich der Interpretation von DUYVENDAK, 1953
34 VANDERMEERSCH II, 1980: 481
35 HENTZE, 1955
36 KUHN, 1991: 160; BARNARD, 1961
37 VANDERMEERSCH II, 1980: 480

## *I*
## *Der kaiserliche Opferkult*

38 *Zhongguo renmin dazidian* (»Großes biographisches Lexikon Chinas«), Artikel Fuxi
39 SIMA ZHEN, *Bu Shiji*
40 s. hierzu MASPERO, 1924

41 *Dazhuan*, B II
42 *Liji*, Kap. 14, S. 10a
43 KARLGREN, 1966: Nr. 337 a/f.
44 EICHHORN, 1976: 255
45 PANKENIER, 1990: 28
46 *Liji*, Kap. 14, S. 10a
47 VANDERMEERSCH II, 1980: 293
48 KUHN, 1991: 185
49 CHANG TSUNG-TUNG, 1970: 202ff.
50 LAGERWEY, 1985: 307
51 KUHN, 1991: 138
52 *Lunyu*, LEGGE: 160
53 VANDERMEERSCH I, 1977: 298
54 PANKENIER, 1990: 29
55 PANKENIER, 1990: 30
56 SHAUGHNESSY, 1983: 57f.
57 *Guoyu*, Kap. 18, S. 3a
58 nach dem Kommentar von ZHENG SHI aus der Tang-Zeit, in *Liji*, Ed. Subbeiyao
59 zitiert nach der Übersetzung von DERK BODDE in *Fung Yu-lan* 1952: 39
60 zitiert nach der Übersetzung von DERK BODDE in *Fung Yu-lan*1952: 40
61 EICHHORN, 1976: 241ff.
62 DE GROOT, 1918: 301
63 DE GROOT, 1918
64 *Liji*, Kap. 14, S. 14a
65 *Liji*, a. a. o.
66 *Dazhuan*, B II.
67 EICHHORN, 1976: 156ff.
68 DE GROOT, 1918: 153
69 DE GROOT, 1918: 180
70 *Liji*, Kap. 14, S. 10a

## *II*
## *Das Buch der Wandlungen*

71 KUNST, 1985: 3
72 SHAUGHNESSY, 1983: 29, 57ff.
73 SHAUGHNESSY, 1983: 104
74 Die Prozedur des Schafgarbenorakels wurde von ZHU XI (1130-1200) aus den Angaben im Kommentar *Daz-huan* rekonstruiert. S. hierzu ADLER, 1984: 297ff.; eine ausführliche Beschreibung der Spielregel ferner bei WILHELM, 1956: 336; andere Theorien zur Spielregel bei VANDERMEERSCH II, 1980: 304ff.; zur kosmischen Struktur der Spielregel s. FIEDELER, 1988: 257ff.
75 KUNST, 1985: 13
76 Eine abstrakte Verwandschaft mit der Anpassungslogik des *Yijing* ist – abgesehen von der konkreten kosmischen Begründung – in der semiotischen Umweltlehre JACOB VON UEX KÜLLS gegeben.
77 *Dazhuan*, A I, B I
78 VON FRANZ, 1968
79 STENT, 1969: 64

80 Zhou Dunyi, Zheng Xiang u.a., *Zhouyi tu*, *Daozang* Bd. 4, S. 3109, Wieger Nr. 154

81 s. z. B. Schultz, 1923:

82 s. hierzu Fiedeler, 1988: Kap. I, 5

83 Vandermeersch II, 1980: 340

84 *Shangshu*, *Hongfan*, Kap. 6, Legge: 333; s. hierzu unten Kap. IV, S. 148

85 *Dazhuan*, A I.

86 *Huainanzi*, Kap. 3, S. 1

87 vgl. in diesem Zusammenhang den oben (S. 10f.) zitierten Schöpfungsmythos aus *Huainanzi*

88 *Shuogua* II

89 Üblicherweise wird *zhang*, das Schriftzeichen für das Himmelsmuster der Meton-Periode, hier im verallgemeinerten Sinn von ›Muster, Abschnitt‹ übersetzt (z. B. Wilhelm, 1956: 246). Aber dies wäre eine vollkommen unnötige und daher unverständliche Wiederholung, da ja schon kurz vorher gesagt wurde, daß die Zeichen aus sechs Strichelementen bestehen.

90 *Dazhuan*, A II

91 Jung, 1968

92 Auch die Logik der zweiten überlieferten Formel, die dem König Wen zugeschrieben wird (Abb. 37), leitet sich aus dem Urzusammenhang (8A) ab; s. hierzu Fiedeler, 1988: 172ff.

93 Fung Yu-lan II, 1953:426ff.

94 Hierzu und zur Information über die geozentrische Erscheinungsordnung des Himmels überhaupt s. Schultz, 1963

95 Fiedeler, 1988, Kap. IV, 6

96 s. hierzu Fiedeler, 1988: 226ff.

## *III*
## *Mythos und Weltbild*

97 s. hierzu Ehrenreich, 1910

98 Ehrenreich, 1910: 119f.

99 Blumenberg, 1986: 53

100 vgl. Needham, 1959: 210ff.

101 *Shangshu*, *Hongfan*, Legge: 320ff.

102 Eine ausführliche Darstellung der chinesischen Flutmythen mit reichem Quellenmaterial findet sich u. a. bei Maspero, 1924: 47ff.; gut lesbar, wenn auch etwas ausgeschmückt, ist die synkretistische Nacherzählung »Da Yu bändigt Flüsse« in Chu Binjjie, 1986.

103 *Shangshu*, Legge: 77

104 *Shiji* 87, Übers. Haloun, 1925: 262

105 lt. *Ciyuan* (Begriffslexikon), Artikel *Daxia*
106 HALOUN, 1925: 261
107 *Dazhuan*, A10
108 *Shijing*, Legge: 154
109 *Shijing*, Legge: 296
110 *Shangshu*, Legge: 342
111 KARLGREN, 1949: 33
112 SCHWARTZ, 1985: 21
113 vgl. hierzu HENTZE, 1955
114 LEGGE, Vol V: 573
115 *Shijing*, LEGGE: 465
116 *Guanzi*, Kap. 16
117 PANKENIER, 1990: 5
118 *Liji*, Kap. 14, S. 10b
119 *Huainanzi*, Kap. III
120 *Dazhuan*, BIV
121 *Aotoutongshudaquan*, Kap. 1, S. 2b
122 FIEDELER, 1988: 169ff.
123 HEGEL, 1812/1967: 67
124 NEEDHAM, 1956: 291f.
125 LEGGE: 593
126 zitiert nach *Kangxi Cidian* (Lexikon aus dem 18. Jh.), Artikel *Li*
127 *Lunyu*, LEGGE: 177f.
128 *Guoyu*, Kap. 18, S. 2a
129 KARLGREN, 1940, Nr. 838
130 VAN GULIK, 1961: 83, 159

## *IV*
## *Das kosmische Menschenbild*

131 *Wenyanzhuan*, Hexagramm Nr.1
132 s. hierzu FIEDELER, 1988: 172ff.
133 *Shangshu, Hongfan*, LEGGE: 333
134 VAN GULIK, 1961: 83
135 VAN GULIK, 1961: 83; Anm. 1
136 SASO, 1990: 9
137 Übers. modifiziert nach PORKERT, 1982: 32
138 Übers. modifiziert nach PORKERT, 1982: 33, 35
139 KARLGREN, 1949: 32; Parenthesen im englischen Original
140 für eine ausführlichere Untersuchung dieser Textstelle aus dem *Hongfan* s. FIEDELER, 1988: 249ff.
141 ein Überblick über die Praktiken bei MASPERO, 1937 und 1950; NEEDHAM, 1956: 143ff; ROBINET, 1979
142 die folgenden Bemerkungen über die taoistische Sexualkultur sind vorwiegend an der umfassenden Darstellung bei VAN GULIK, 1961 orientiert
143 aus dem *Qianjinyaofang*, von Sun Simo (601-682); Übersetzung nach VAN GULIK, 1961: 194f., Klammern im englischen Original
144 VAN GULIK, 1961: 197
145 aus dem *Fangneiji*, »Schlafzimmerbericht«, Teil der medizinischen

Textesammlung *Yixin-fang*, »Zentrale Rezepte der Medizin«, Übers. nach VAN GULIK, 1961: 138

146 VAN GULIK, 1961: 84ff.

147 *Baopuzi, Neibian*, Kap. 6, S. 6b

148 VAN GULIK, 1961: 75

149 *Fung Yu-lan* I, 1952: 403f.

150 VAN GULIK, 1961: 84

151 DONG ZHONGSHU, *Chunqiu-fanlu*, Kap. 11, 41

152 zur Struktur dieses Resonanzprinzips bei DONG s. NEEDHAM, Vol II, 1956: 279ff.; ferner *Fung Yu-lan*, Vol II, 1953: 55ff.

153 *Chunqiufanlu*, Kap. 17, 80, S. 7a

154 SIMA QIAN, *Shiji*, Kap. 56

155 *Chunqiufanlu*, Kap. 12, 53, S. 6

156 *Chunqiufanlu*, Kap. 12, 53, S. 7a

157 *Chunqiufanlu*, Kap. 12, 17

158 VAN GULIK, 1961: 12

159 *Chunqiufanlu*, Kap. 10, 53, S. 4

160 *Chunqiufanlu*, Kap. 12, 51, S. 4a

161 s. hierzu *Fung Yu-lan* Vol. II, 1953: 27ff.

162 *Chunqiufanlu*, Kap. 11, 46, S. 8f

163 *Chunqiufanlu*, Kap. 10, 35, S. 4a

# Bibliographie

## *a) Chinesische Quellentexte und Übersetzungen*

*Aotoutongshudaquan* (»Große Schriftensammlung vom Kopf der Weltenschildkröte«): Taoistische Textsammlung, 18. Jh., Ausgabe Zhulin shudian, Xinzhu o. J.

CHAN, W. T. (Ed., Trad.): *A Source Book in Chinese Philosophy,* Princeton University Press, Princeton 1963.

CHAVANNES, É. (Trad.), *Mémoires historiques de Se-ma T`sien,* Paris 1898.

*Chengtong Daozang*, (»Der Schatz des Dao aus der Ära Zhengtong 1436-50«), der große taoistische Schriftenkanon, Faksimile-Ausgabe Yiwen yinshuguan, Taibei 1977.

COUVREUR, S.: *Mémoires sur les bienséances et les cérémonies, trad. du Liji*, 4 Bände, 1913, Neudruck Paris 1950.

DAI DE: *Dadailiji* (»Ritenbuch des älteren Dai«), 1. Jh. n. Chr., Ed. Sibubeiyao.

DONG ZHONGSHU: *Chunqiufanlu* (»Vielfältiger Tau von Frühling und Herbst«), ca. 135 v. Chr., Ed. Sibubeiyao.

DUYVENDAK, J. J. L. : *Tao Tö King, Le livre de la voie et de la vertu*, Paris 1953.

GE HONG: *Baopuzi* (»Buch des Meisters der Erfassung des Ursprünglichen«), 4. Jh. n. Chr., Ed. Sibubeiyao.

GUAN ZHONG: *Guanzi* (»Buch des Meister Guan«), ca. 4. Jh. v. Chr., Ed. Sibubeiyao.

*Guoyu* (»Gespräche in den Feudalstaaten«), Autoren unbekannt, späte Zhou-Zeit, Ed. Sibubeiyao.

HAWKES, D. (Trad.): *Ch'u-Tz'u, The Songs of the South,* Oxford Clarendon Press, Oxford 1959.

KARLGREN, B.: *The Book of Documents*, Bulletin of the Museum of Far Eastern Antiquities, Nr. 21, Stockholm 1949.

KARLGREN, B.: *The Book of Odes*, Bulletin of the Museum of Far Eastern Antiquities, Stockholm 1950.

KUNST, R. A.: *The Original Yijing: A Text, Phonetic Transcription, Translation, and Indexes, with Sample Glosses*, Diss. University of California, Berkeley 1985.

LAOZI (= LI ER): *Daodejing* (»Klassiker vom Weg und von der Tugend«), ca. 4. Jh. v. Chr., Ed. Sibubeiyao.

LEGGE, J.: *The Chinese Classics, Confucian Analects. The Great Learning and The Doctrine of the Mean*, Band I, 1871, Neudruck Hong Kong University Press, Hongkong 1960.

LEGGE, J.: *The Chinese Classics, The Shoo King, or the Book of Historical Documents*, Band III, 1869, Neudruck Hong Kong University Press 1960.

LEGGE, J.: *The Chinese Classics, The She King, or the Book of Poetry*, Band IV, 1871, Neudruck Hong Kong University Press, Hongkong 1960.

LEGGE, J.: *The Chinese Classics, The Ch'un Ts'ew, with the Tso Chuen*, Band V, 1872, Neudruck Hong Kong University Press, Hongkong 1960.

LEGGE, J.: *The Texts of Taoism,* New York 1959.

LIU AN, Fürst von Huainan (Hg.): *Huainanzi* (»Buch [des Fürsten] Huainan«), naturphilosophische Textsammlung, ca. 120 v. Chr., Ed. Sibubeiyao.

SIMA QIAN: *Shiji* (»Historische Aufzeichnungen«), ca. 90 v. Chr., Ed. Sibubeiyao.

SIMA ZHEN: *Bu Shiji* (»Ergänzungen zu den geschichtlichen Aufzeichnungen [des Sima Qian]«), in: SIMA QIAN, *Shiji*, Band 24.

SUN SIMO: *Qianjinyaofang* (»Wichtige Rezepte, die tausend Goldstücke wert sind«), 7. Jh. n. Chr., Ausgabe von 1544.

WALEY, A.: *Shih-ching, The Book of Songs*, London 1954.

WATSON, B.: *Hsun Tzu: Basic Writings,* Columbia University Press, Columbia 1963.

WILHELM, R.: *I Ging. Das Buch der Wandlungen*, 1923, Neudruck Düsseldorf/Köln 1956.

WILHELM, R.: *Frühling und Herbst des Lü Bu-wei,* Jena 1928.

WILHELM, R.: *Li Gi, das Buch der Sitte des älteren und jüngeren Dai,* Jena 1930.

ZHOU DUNYI: *Zhouyitu* (»Der Plan des Zhouyi«), 11. Jh. n. Chr., *Daozang* Nr.69/157.

*Zhouyi*, Ausgabe Harvard-Yenching Institute Sinological Index Series, Supplement Nr. 10: *A Concordance to Yi Ching*, authorized Reprint, Taipei 1966. (Nach dieser Ausgabe werden auch die klassischen Kommentare zitiert).

ZHUANG ZHOU (= ZHUANGZI): *Nanhuazhenjing* (»Das wahre Buch vom südlichen Blütenland«), ca. 290 v. Chr., Ed. Sibubeiyao.

## *b) Sonstige Literatur*

ADAM, A.: *Das chinesische Mysterium Cosmographicum*, Linz o. J.

ADLER, J. A.: *Divination and Philosophy: Chu Hsi's Understanding of the I-ching*, Diss. University of California, Santa Barbara 1984.

BARNARD, N.: *Bronze Casting and Bronze Alloys in Ancient China*, Canberra 1961.

BLUMENBERG, H.: *Arbeit am Mythos,* Frankfurt 1986.

BODDE, D.: *Myths of Ancient China*, in: KRAMER, S. N., *Mythologies of the Ancient World*, New York 1961.

BREDON, J.: *Das Mondjahr*, Wien 1953.

CAMMANN, SCH.: *The Origin of the Trigram Circles in Ancient China*, Bulletin of the Museum of Far Eastern Antiquities, Nr. 62, Stock holm 1989.

CAPELLE, W.: *Die Vorsokratiker*, 4. Aufl., Stuttgart 1953.

CHANG KWANG-CHIH: *Shang Civilisation*, Yale University Press, New Haven 1980.

CHANG TSUNG-TUNG, *Der Kult der Shang-Dynastie im Spiegel der Orakelknocheninschriften*, Wiesbaden 1970.

CHANG, K. C.: *Art, Myth and Ritual: The Path to Political Authority in Ancient China*, Harvard University Press, Cambridge Mass. 1983.

CHANG, K. C.: *Chinese Civilization: Anthropological Perspectives,* Harvard University Press, Cambridge Mass.1976.

CHING, J./GUISSO, R. W. L. (Hg): *Sages and Filial Sons. Mythology and Archeology in Ancient China,* Hongkong 1991.

CHU BINJIE: *Mythen aus China,* Beijing 1986.

DIELS, H.: *Die Fragmente der Vorsokratiker*, 5. Aufl., 1934.

EHRENREICH, P.: *Die allgemeine Mythologie und ihre ethnologischen Grundlagen,* Leipzig 1910.

EICHHORN, W.: *Die alte chinesische Religion und das Staatskultwesen,* Leiden/Köln 1976.

ELIADE, M.: *Le Chamanisme et les techniques archaiques de l'extase*, Paris 1951.

FEUCHTWANG, ST. D. R.: *An Anthropological Analysis of Chinese Geomancy,* o. O. 1974, Nachdruck Taibei 1978.

FIEDELER, F.: *Die Wende. Ansatz einer genetischen Anthropologie nach dem System des I-ching*, Berlin 1976.

FIEDELER, F.: *Himmel, Erde, Kaiser. Die Ordnung der Opfer, in: Europa und die Kaiser von China*, Ausstellungskatalog, Frankfurt 1985.

FIEDELER, F.: *Die Monde des I Ging. Symbolschöpfung und Evolution im Buch der Wandlungen*, München 1988.

FIEDELER, F.: *Die Zeichenlogik im Buch der Wandlungen*, in: Zeitschrift für Semiotik, Band 13, Heft 1-2, Tübingen 1991.

FORKE, A.: *Geschichte der alten chinesischen Philosophie*, Hamburg 1927.

FORKE, A.: *Geschichte der mittelalterlichen chinesischen Philosophie,* Hamburg 1934.

FRANZ, M. L. von: *Symbole des Unus Mundus*, in: BITTER, W. (Hg.), *Dialog über den Menschen*, Stuttgart 1968.

FUNG, YU-LAN/ BODDE, D. (Trad.): *A History of Chinese Philosophy*, 2 Bände, Princeton University Press, Princeton 1952/53.

GERNET, J.: *A History of Chinese Civilisation*, Cambridge University Press, Cambridge 1985.

GRANET, M.: *La pensée chinoise,* Paris 1934.

GRANET, M.: *La polygynie sororale et le sororat dans la Chine féodale*, Paris 1920.

GROOT, J. J. M. DE: *The Religious System of China*, 6 Bände, Leiden 1892-1910.

GROOT, J. J. M. DE: *Universismus. Die Grundlage der Religion und Ethik, des Staatswesens und der Wissenschaften Chinas*, Berlin 1918.

GULIK, R. H. VAN: *Sexual Life in Ancient China*, Leiden 1961.

HAAK, H.: *Yin + Yang. Bilder aus chinesischen Hochzeitsbüchern*, Dortmund 1984.

HALOUN, G.: *Die Rekonstruktion der chinesischen Urgeschichte durch die Chinesen*, in: Japanisch-Deutsche Zeitschrift für Wissenschaft und Technik, 1925.

HART, J. J.: *The Speech of Prince Chin: A Study of Early Chinese Cosmology,* in: *Explorations in Early Chinese Cosmology*, Journal of the American Academy of Religious Studies, Band I, Nr. 2, Scholars Press, Chico Cal. 1984.

HEGEL, G. W. F.: *Wissenschaft der Logik*, Nürnberg 1812, Nachdruck Hamburg 1967.

HENTZE, C.: *Tod, Auferstehung, Weltordnung. Das mythische Bild im ältesten China in den großasiatischen und zirkumpazifischen Kulturen*, Zürich 1955.

HENTZE, C.: *Die Wanderung der Tiere um die heiligen Berge,* in: *Symbolon*, Jahrbuch für Symbolforschung, Band 4, Basel/Stuttgart 1964.

HU SHI: *Zhongguo zhexueshi dagang,* Shanghai 1919.

HUMMEL, S.: *Polarität in der chinesischen Philosophie. Dargestellt anhand chinesischer Texte mit deutscher Übersetzung*, Leipzig 1949.

JUNG, C. G.: *Mysterium Coniunctionis, Untersuchungen über die Trennung und Zusammensetzung der seelischen Gegensätze in der Alchemie*, Zürich/Stuttgart 1968.

KARLGREN, B.: *Grammata Serica*, Bulletin of the Museum of Far Eastern Antiquities, Nr. 12, Stockholm 1940.

KELLER, A.: *Nügua als Protagonistin im Schöpfungsgeschehen nach frühchinesischen Quellen*, Chinablätter, Nr. 18, München 1991.

KNIGHTLEY, D. N. (Ed.): *The Origins of Chinese Civilisation,* London 1983.

KÖNIG, M.: *Am Anfang der Kultur. Die Zeichensprache des frühen Menschen,* Berlin 1973.

KUCKENBURG, M.: *Die Entstehung von Sprache und Schrift. Ein kultur geschichtlicher Überblick*, Köln 1989.

KUHN, D.: *Status und Ritus. Das China der Aristokraten von den Anfängen bis zum 10. Jahrhundert nach Christus*, Heidelberg 1991.

LAGERWEY, J.: *The Oral and the Written in Chinese and Western Religion,* in: *Religion und Philosophie in Ostasien*, Festschrift für Hans Steininger, (Hg) NAUNDORF, G./ POHL, K.-H./ SCHMIDT, H.-H., Würzburg 1985.

LEGEZA, L.: *Tao Magic. The Secret Language of Diagrams and Calligraphy,* London 1975.

LI CHANGHAO: *Zhongguo tianwenxue shi,* Beijing 1981.

LI, CHI: *The Beginnings of Chinese Civilisation*, Seattle 1957.

LIU ZHENGHUI: *Zhongguo shanggu shenhua*, Shanghai 1988.

LOVELOCK, J. E.: *Gaia. A New Look at Life on Earth*, Oxford 1979.

MASPERO, H.: *Légendes mythologiques dans le Chou-King,* Journal Asiatique, Paris Jan.-Feb. 1924.

MASPERO, H.: *Les procédés de nourrir le principe vital dans la Religion taoiste ancienne*, Journal Asiatique, Paris 1937.

MASPERO, H.: *Le Taoisme (Mélanges posthumes sur les religions et l'histoire de la Chine)*, Paris 1950.

MATHIEU, R.: *Etude sur la mythologie et l'éthnologie de la Chine ancienne. Trad. annoteé du Shan-hai-ching*, 2 Bände, Paris 1983.

NEEDHAM, J.: *Science and Civilisation in China, History of Scientific Thought*, 2 Bände, Cambridge 1956.

NEEDHAM, J.: *Science and Civilisation in China, Mathematics and the Sciences of the Heavens and the Earth*, 3 Bände, Cambridge 1959.

NEEDHAM, J.: *Chinas Bedeutung für die Zukunft der westlichen Welt*, Deutsche China Gesellschaft, Köln 1977.

OLSVANGER, I.: *Fu-Hsi, The Sage of Ancient China*, Jerusalem 1948.

PANKENIER, D. W.: *Early Chinese Astronomy and Cosmology: The »Mandate of Heaven« as Epiphany*, Ph. D. Dissertation, Stanford University, Palo Alto 1983.

PANKENIER, D. W.: *Sandai Astronomical Origins of Heavens Mandate*, 6th International Conference on the History of Science in China, Cambridge 2.-7. August 1990.

PORKERT, M.: *Die theoretischen Grundlagen der chinesischen Medizin*, 2. Aufl., Stuttgart 1982.

ROBINET, I.: *Méditation taoiste*, Paris 1979.

*Saso, M. R.: Taoism and the Rite of Cosmic Renewal*, Washington State University Press 1972.

SASO, M. R.: *Blue Dragon, White Tiger. Taoist Rites of Passage*, Washington 1990.

SCHIPPER, K.: *Le corps taoiste*, Paris 1982.

SCHÖNBERGER, M.: *Verborgener Schlüssel zum Leben. Weltformel I Ging im genetischen Code*, München 1973.

SCHULTZ, J.: *Rhythmen der Sterne. Erscheinungen und Bewegungen von Sonne, Mond und Sternen*, Dornach/Schweiz 1963.

SCHULTZ, W.: *Zeitrechnung und Weltordnung in ihren übereinstimmenden Grundzügen bei den Indern, Iranern, Hellenen, Italikern, Kelten, Germanen, Litauern und Slaven*, Leipzig 1923.

SCHWARTZ, B. J.: *The World of Thought in Ancient China*,Harvard University Press, Cambridge Mass. 1985.

SHAUGHNESSY, E. L.: *The Composition of the Zhouyi*, Diss. Stanford University 1983.

SOOTHILL, W. E.: *The Hall of Light; a Study of Early Chinese Kingship*, London 1951.

STENT, G. S.: *The Coming of the Golden Age. A View of the End of Progress*, New York 1969.
UEXKÜLL, J. VON: *Der Organismus und seine Umwelt*, 1931, Neudruck Berlin 1956.
VANDERMEERSCH, L.: *Wangdao ou la voie royale. Recherches sur l'esprit des institutions de la Chine archaique,* École Française d'extrême Orient, 2 Bände, Paris I - 1977 und II - 1980.
WANG CHIXIN: *Zhongguo zongjiao sixiangshi dawang*, 1934, Neudruck Taibei 1961.
WEN YIDUO: *Shenhuayushi*, Shanghai 1956.
WIEGER, L.: *Taoisme. Bibliographie génerale*, o. O. 1911.
YAN, J. F.: *DNA and the I Ching. The Tao of Life*, Berkeley 1991.
ZHANG XUECHENG: *Wenshitongyi*, 1832, Neudruck Beijing 1956.
ZHENG, CH.: *Mythen des alten China*, München 1990.

# Abbildungsnachweis

*Aotoutongshudaquan*: 56

Aus einem chinesischen Hochzeitsbuch, zitiert nach HAACK 1984: 53

*Daozang*, zitiert nach LEGEZA 1975: 3 (WIEGER Nr. 1210), 4 (WIEGER Nr. 216), 5 (WIEGER Nr. 1203), 6 (WIEGER Nr. 1152), 7 (WIEGER Nr. 463), 8 (WIEGER Nr. 217), 9 (WIEGER), 45 (WIEGER Nr. 218)

*Daozang*, Bd. 4: 28 (S. 3109), 38 (S. 3088; WIEGER Nr. 151)

ESCHER, M. C. *Grafiek en Tekeningen*. Zwolle 1959: 50

*Europa und die Kaiser von China* (Ausstellungskatalog), Franfurt/M. 1985: 22

FENG YU-LAN 1953: 39

DE GROOT 1918: 23, 24

VAN GULIK 1961: 14, 52, 55, 57

HENTZE 1955: 15

HENTZE 1964: 1, 11, 18, 19, 43, 44

HU WEI *Yitu mingbian*, 1706, zitiert nach LEGEZA 1975: 37 oben, 46

KARLGREN B. *Grammata Serica* 1940, Nachdruck Taipei 1966: 51

KUHN 1991: 10, 12

LEDDEROSE, L. (Hrsg.) *Palastmuseum Peking. Schätze aus der Verbotenen Stadt* (Ausstellungskatalog), Frankfurt/M. 1985: 20

NEEDHAM 1959: Frontispiz, 17, 48

NOLL (Privatbesitz), Berlin: 54

OLSVANGER 1948: 26

PANSEGRAU, Berlin: Innentitel, 25

SCHÖNBERGER 1973: 27

*Der Spiegel*, Nr. 33, 1991: 16

VANDERMEERSCH 1980: 13

*Xingming guizhi* (Ming), zitiert nach SASO 1990: 49

ZHENG 1990: 2

Die übrigen Zeichnungen bzw. Graphiken – inklusive der Umschlagabbildungen stammen vom Autor: 21, 29, 30, 31, 32, 33, 34, 35,36, 37 unten, 40, 41, 42, 47, 58, 59

# Register

## *Namensregister*

## *Sachregister*

# Der Autor

Frank Fiedeler, geboren 1939, studierte Sinologie, Philosophie und Vergleichende Religionswissenschaft. Er promovierte an der Universität Erlangen und arbeitete längere Zeit in Taipei. Frank Fiedeler hat mehrere Bücher zur chinesischen Philosophie verfasst und lebt als freiberuflicher Autor und Übersetzer in Berlin.

Bei Diederichs erschien zuletzt *Yijing. Das Buch der Wandlungen.*

Dschuang Dsi

**Das wahre Buch vom südlichen Blütenland**

Aus dem Chinesischen übertragen und erläutert
von Richard Wilhelm

*Diederichs Gelbe Reihe Band 172, 332 Seiten, Paperback*
*ISBN 3-89631-421-1*

Das Besondere an Dschuang Dsis Dichtungen sind nicht nur seine Anschauungen, sondern auch die Lebhaftigkeit seines Geistes, die Schärfe seines Denkens und der Umfang seines Wissens. In mythischen Erlebnissen und Gleichnissen, in seinem bilderreichen, poetischen Stil breitet er die Grundgedanken seiner Philosophie aus.

»Von allen Büchern chinesischer Denker, die ich kenne, hat dieses am meisten Reiz und Klang.«
*Hermann Hesse*